YAŞAR NURİ ÖZTÜRK

CEVAP VERİYORUM!

(Gerçek Dini Arayanlarla Baş Başa)

DOKUZUNCU BASKI

Yeni Boyut

İSTANBUL-2001

Yeni Boyut: 33
Birinci Baskı: Ekim 2001

İsteme Adresi:
PK.35
81060 Erenköy-İstanbul

ISBN 975-6779-35-7

Dizgi : Canan ÖZTÜRK
Kapak : Elif Balcı
Baskı : Seçil Ofset
Cilt : Tan Mücellit

İÇİNDEKİLER

ÖNSÖZ

Bu kitap, büyük çoğunluğu internetteki sitemize (www.yeniboyut.com), bir kısmı yazı yazdığımız gazeteye, bir kısmı da görev yaptığımız fakülteye gelen sorulara verilmiş cevaplardan seçmelerdir.

Sorular binlercedir.

Bunların çok âcil olanlarına internetteki sitede cevap verilmiştir. O cevapların halk için önemli bulunanları da bu kitap bünyesine alındı.

Hacmi büyütüp okuyucuyu yormamak için, 342 soruya cevap vermekle yetinilmiştir. Bu demektir ki, cevapların kitap halinde yayını sürecektir. Yani, Allah izin verirse CEVAP VERİYORUM (2), CEVAP VERİYORUM (3) ve devamı da gelecektir.

Soruların çok çeşitli oluşu, her soruyu dikkate alarak bir bölümleştirme yapmayı zorlaştırmıştır. Bunun yerine, soruların yoğunlaştığı bazı konular için başlıklar atılıp bunlar kitabın "**KONU BAŞLIKLARIYLA SORULAR**" adlı ikinci bölümünde sıralanmıştır. Sınıflandırmanın büyük zorluk çıkaracağı çeşitli konulardaki sorular ise "**ÇEŞİTLİ SORULAR**" başlığı altında, üçüncü ve son bölümde toplanmıştır.

Okuyucu, aradığı konu, kişi ve kavramı rahatlıkla bulabilsin diye, kitabın sonuna geniş bir "**Karma İndeks**" konmuştur.

Bu kitaptan kolaylıkla yararlanmanın yolu, Karma İndeks'e göz atmaktan geçer.

Çalışmamızın halkımıza yararlı olmasını diler, emeği ve desteği geçenlere sevgi, saygı ve şükranlarımı iletirim.

Prof. Dr. Yaşar Nuri Öztürk

Birinci Bölüm

TEMEL SORU

KAMU VİCDANININ ASIRLIK SORUSU

SORU: Din adına sorulan sorulara yine din adına verilen bağlayıcı cevaplara fetva deniyor. Peki, fetva verme yetkisi kimindir?

İslam dünyası binlerce fetvaya, yüzlerce fetva kitabına sahip bulunuyor. Şu andaki durumu içler acısı olduğuna göre, bu fetvalarla bir yere gelememiş demektir. Bundan da anlaşılır ki ya bu fetvaları verenlerde bir sakatlık var yahut da bu fetvalarda.

Acaba sakatlık kimdedir? Yolda bırakmayan, dünyanın önünde rezil etmeyen fetvaları kimden ve nereden almalıyız?

CEVAP: Ben, fetva makamı değilim; iman, ilim ve düşünce adamıyım. Yani fetva vermem; bilgi ve düşüncelerimi aktarırım. Bir müslim-mümin olarak ben fetva almak için, kişi olarak Hz. Peygamber'e, kitap olarak da Kur'an'a baş vururum. Çünkü İslam, çekişme ve kuşku halinde Allah'a ve O'nun resulü Hz. Muhammed'e gitmemizi istiyor. Ancak İslam şunu da biliyor: Allah'a gitmek istediğimizde Kur'an'a gidiyoruz; Allah'ın ne dediğini Kur'an'dan öğreniyoruz: Kuşkusuz, yalansız-uydurmasız...

Hz. Peygamber'e gitmek istediğimizde durum böyle olmuyor. Onun ne dediğini kuşkusuz, yalansız-uydurmasız öğrenemiyoruz. Çünkü kendisi bu âlemde yok, kendisine isnat edilen sözler içinde ise uydurmalar gerçek olanlardan çok...O sözlerde gerçekle yalan, doğruyla uydurma birbirine karışmış. Karmaşa, kaygı ve ıstırap içine düşüyoruz. Tam bu noktada imdadımıza yine Kur'an yetişiyor. Bize şu şekilde yol gösteriyor: "**Bir şeyde tartışma ve çekişmeye düştüğünüzde hükmü Allah'a bırakın!**" (Şûra, 10) Biz de öyle yapıyoruz. Peygamberimize isnat edilen sözlerin doğrusuyla yanlışını ayırmak için Kur'an'a gidiyoruz; yani sonuçta Kur'an'ı hakem yapıyoruz.

Peygamberimiz bu dünyadan ayrıldığı için onun bir konudaki fetvasının güvenilir makamı da Kur'an'dır. Çünkü ona isnat edilen söz ve fetvaların içine binlerce yalanın karıştırıldığında kimsenin kuşkusu yoktur. O halde, Hz. Peygamber'in fetvalarının da Allah'ın fetvalarının da gerçek ve güvenilir kaynağı Kur'an'dır. Ben bugüne değin fetvaları hep Kur'an'dan istedim; ne pişman oldum ne mağdur ve ne de mahcup...

Eğer benimle paylaşırsanız, Kur'an'dan aldığım fetvaları size de aktarmak isterim. Ama Kur'an'ın verdiği fetvalara geçmeden önce, onun, fetva ve fetva makamı konusunda neler söylediğine bir göz atalım.

Kur'an diyor ki:

"Senden fetva istiyorlar. Onlara de ki: 'Fetvayı size Allah verir." (Nisa, 176)

"Bugün sizin için dininizi kemale erdirdim, üzerinizdeki nimetimi tamamladım ve sizin için din olarak İslam'ı /Allah'a teslim olmayı seçtim." (Mâide, 3)

"Allah size Kitap'ı ayrıntılı kılınmış bir halde indirmişken Allah'ın dışında bir hakem mi arayayım?" (En'am, 114)

"Zorda kalışınız dışında üzerinize haram kıldığını Allah bizzat kendisi size ayrıntılı bir biçimde açıklamıştır. Birçokları, ilimsiz bir biçimde kendi keyiflerine uyarak halkı şaşırtıyorlar. Hiç kuşkusuz, senin Rabbin, sınır tanımaz azgınları çok iyi bilmektedir." (En'am, 120)

"De ki: 'Bana vahyolunanlar içinde, bu haram dediklerinizi yiyecek birine yasaklanmış herhangi bir şey bulamıyorum." (En'am, 145)

"De ki: 'Allah'ın, kulları için çıkardığı süsü, güzel ve tatlı rızıkları kim haram etmiş?" (A'raf, 32)

"De ki: 'Ne oldu size de Allah'ın size rızık olarak indirdiği şeylerden bir haram yaptınız, bir de helal?' De ki: 'Allah mı size izin verdi, yoksa Allah'a iftira mı ediyorsunuz?" (Yûnus, 59)

"Yalan düzerek Allah'a iftira etmek için, dillerinizin uydurma nitelendirmeleriyle 'Şu helaldir, şu da haramdır!' demeyin. Yalan düzerek Allah'a iftira edenler kurtulamazlar." (Nahl, 116)

"Ey Peygamber! Allah'ın sana helal kıldığı şeyi neden haram ilan ediyorsun?" (Tahrîm, 1)

İkinci Bölüm
KONU BAŞLIKLARIYLA SORULAR

ABDEST VE NAMAZ

1. Kur'an'da geçen "salât" sözcüğü ile, bugün kılınan namazın ilişkisi nedir?

Salât, kelime anlamıyla dua edemektir. Ve Kur'an'a göre, sadece insanın değil, tüm varlıkların salâtı yani kendilerine özgü duaları vardır.

Bizim bugün kıldığımız ve adını Farsça'dan aldığımız namaz ise Kur'an'daki salâtın değişik parçalarını (**hamd, tespih, tehlil, tekbir, şükür, Kur'an okuma** vs.) bir araya toplayan ve temel şekil kuralları da Kur'an'da gösterilen bir "**toplayıcı ibadet**"tir. Ancak geniş anlamda bütün dualar **salât** kavramı içine girer.

2. Kur'an Meali'nizde, ayakların mesh edilebileceğini belirtmişsiniz. Oysa ki sizin de çok sevdiğiniz Elmalılı Hamdi sadece yıkanacağı şeklinde yorumlamış. Nedenini açıklar mısınız?

Ayakların **mesh** edilmesi bir yorum meselesi değil, Kur'an'ın açık beyanıdır. Ayakların yıkanmasını söylemek ise bir gramatik inceliğin zorlanmasıyla elde edilen geleneksel yorumun bu ayetin bir emri gibi öne çıkarılmasından ibarettir. Ne yazık ki **Elmalılı**, daha birkaç yerde yaptığı gibi, burada da geleneksel yorumu Kur'an beyanının önüne geçirmiştir.

Rahmetli Elmalılı'yı sevip saymış olmamız, onun hata yapmayacağı, ithamdan kaçmak için geleneğin kabullerini aynen tekrarlamayacağı anlamına gelmez.

3. Yatalak bir hasta olduğum için abdest alamıyorum. Kur'an okuyup hatim ediyorum. Bir sakıncası var mı?

Sorunuzun üç ayrı bölümü vardır:

Birincisi: **Kur'an okumak için abdest almak şartı hiç kimse için yoktur.** Kur'an'ı abdestli veya abdestsiz istediğiniz zaman alıp okursunuz. Bu yönde şart gibi gösterilen şeylerin tümü sonradan uydurulmuştur. Ve daha ilginci, İslam'a, **Yahudi** hahamların **Tevrat**'ın okunmasına ilişkin koydukları şartların bir tekrarı olarak girmiştir.

İkincisi: **Kur'an okumak, bağımsız bir ibadettir ve namazdan daha üstün bir ibadettir.** Bu özellik, Ankebût Suresi'nin 45.ayetinde ifade edilmiştir. Ayrıca, Kur'an okumaya ilişkin emir, namaz kılmaya ilişkin emirden öncedir.

(bk. "**Kur'an'ın Temel Buyrukları**", 1-8)

Üçüncüsü: Sizin durumunuzda olanlara fıkıh dilinde "**özür sahibi**" denir. Özür sahipleri namaz kılmak için gereken abdesti, organlarının mümkün olanlarını yıkayarak alırlar. Yıkamanızda sakınca olan organları yıkamaz, geri kalanlarını yıkarsınız. Hiçbir organınızı yıkayamayacak durumda iseniz, **teyemmüm** ederek namaz kılarsınız. Onu da yapamayacak durumda iseniz, Allah'ı başka türlü anarsınız.

Durumunuzdan anlaşılan o ki, Kur'an okumak sizin için en ideal ibadettir.

4. Fıkıh kitaplarındaki namaz kılma tarifleri ne kadar doğrudur, Hz. Peygamber nasıl namaz kılmıştır?

Fıkıh kitaplarının anlattığı namaz, Hz. Peygamber'in kıldığı namazdan oldukça farklıdır.Temel kaynak niteliğindeki fıkıh kitapları okunduğunda Peygamberimizin kıldığı namazla ona yapılan ilaveler birbirinden ayrılabilir. Bu, bir bilgi ve ihtisas işidir. Peygamberimizin kıldığı şekliyle namazı yakında çıkacak olan "**Kur'an ve Sünnete Göre İslam İlmihali**" adlı kitabımızdan ayrıntılarıyla öğrenebileceksiniz. Şimdilik, "**İslam Nasıl Yozlaştırıldı**" kitabımızın "**Namaz**" bölümüne bakabilirsiniz.

5. Bir tam günde (24 saatte) kaç rekât namaz kılınır?

Sabah 2, Öğle 4, İkindi 4, Akşam 3, Yatsı 4 olmak üzere toplam 17 rekâttır. Bu rakamlar kulluk borcu olan namazlardır. Fıkıhta **tatavvu**, **nevâfil** ve **revâtip** (halk arasında **sünnet**) diye anılan sevap kazanmak ve ruhen yükselmek için kılınabilecek namazların sayısı, zamanı, rekâtı dondurulamaz. İsteyen istediği kadar kılar.

6. Amentü ve Ettehiyyatü duaları Kur'an'da var mı dır?

Amentü ve Ettehiyyatü Kur'an'da yoktur.

Amentü diye bilinen söz dizisi bir dua değildir; iman şartlarını formule eden uzun bir cümledir. Hiçbir yakarış ifade etmez. Dua olarak okunması da dayanağı olmayan bir gelenektir.

Ettehiyyatü olarak bilinen satırlar ise dua ve şehadet (Allah'ın varlığını ve Hz. Muhammed'in peygamberliğini tasdik) içermektedir. Ancak **Ettehiyyatü** duasının **Mirac** gecesi Allah-Peygamber-Melekler arasında geçen bir konuşmadan oluştuğu yolundaki rivayeti kabul etmek Kur'an'ın ruhuna aykırıdır. Çünkü böyle bir kabul, **Ettehiyyatü** duasının Kur'an'dan bir parça olmasını gerektirir. Böyle bir şey olmadığına ve olamayacağına göre Ettehiyyatü duası diğer dualar gibi bir duadır demek gerekir.

Sonuç olarak "**Amentü**" cümlesi dua olarak okunmamalıdır. Ettehiyyatü dua olarak namazın oturuşlarında okunabilir.

7. Ettehiyyatü'nün yerine ona benzer başka bir dua okusam namazım geçerli olur mu?

Onun yerine başka bir dua okusanız namazınız geçerli olur. En iyi yollardan biri de, Kur'an'daki dua ayetlerinden birini veya birkaçını okumaktır. **Unutmayalım ki en mükemmel ve erdirici dualar da Kur'an'ın içindedir.** (Bu dualar için bk. "**Kur'an'ın Öğrettiği Dualar**" kitapçığımız).

8. Hz. Peygamber'in, teşehhüd oturuşunda okuduğu Ettehiyyatü bugünkünün tıpa tıp aynısı mıdır?

Peygamberimiz, teşehhüdde birçok dua okumuştur. Bu arada Ettehiyyatü diye bildiğimiz duayı da okumuştur. Ancak onun okuduğu Ettehiyyat'ta, şehadet cümlesinin bugün bizim okuduğumuz şehadet cümlesi olduğunu iddia etmenin yanılgı olacağı kanısındayız. Peygamberimizin okuduğu şehadet cümlesinin **Kur'ansal şehadet cümlesi** olduğunu düşünmekteyiz. Bu şehadet cümlesi Âli İmran Suresi 18. ayetteki anlama uygun olan cümledir: "**Tanıklık ederim ki Allah'tan başka Tanrı yoktur; O, tektir ve ortağı yoktur.**"

Hz. Peygamber'in Cenabı Hak karşısında, hem de namaz

gibi bir ibadette, kendine övgüler düzeceğini, ve öteki nebileri hiç anmadan sadece kendinin peygamberliğini seslendireceğini düşünmek son derece zordur.

O, teşehhüdünde şehadet cümlesinin sadece tanrısal birliği ifade eden kısmını okuyordu. Bizler buna Hz. Peygamber'in peygamberliğine tanıklığı da ekleriz: **"Ve tanıklık ederim ki Muhammed O'nun kulu ve elçisidir."**

Ancak bu eklemenin okunmasında son derece dikkatli olmak gerekir. Çünkü: **1. Kur'an, Cin Suresi 18'de, ibadetin içine Allah'tan başka hiçbir kişinin katılmamasını, kesinlikle emretmektedir. Bu emirde, peygamberler veya Hz. Muhammed istisna edilmemiştir. 2. Kur'an, peygamberler arasında ayrım yapmayı açıkça yasakladığı için, öteki nebilerin unutulduğu yolunda bir kanaatin doğmamasına çok dikkat etmek gerekir.**

En iyi yol, şehadet cümlesini Kur'an'daki şekliyle yani "Allah'ın varlık ve birliğine tanıklık" olarak tutmaktır. Tevhit ve ibadetin ruhuna en uygun olan budur.

Hz. Peygamber'in **Ettehiyyat** yerine okuduğu diğer dualar için, **İbnü'l-Kayyım el-Cevziyye**'nin "**Zâdü'l-Meâd**" adlı eserine bakılabilir.

9. Vitir namazının kazası var mıdır?

Kur'an, **namazların kazasından** söz etmez. Namazlarını vaktinde kılamamış veya kılmamış olanlar, vakitleri ve niyetleri elverdiğince namaz kılarlar ve Allah'tan af dilerler. Kaldı ki, namazların kazasından söz eden geleneksel anlayış açısından bakıldığında da kaza edilecek namazlar farz namazlardır. **Vitir** farz değil, sünnet bir namaz olduğundan onun hiçbir şekilde kazası olmaz.

10. Evde baş açık olarak namaz kılabilir miyim?

Herhangi bir yerde, özellikle evde, baş açık olarak namaz kılmak mümkündür. Namaz sırasında mahrem olmayan erkeklerin yanınızdan geçip sizi görmesi ihtimali olduğunda ise örtülmesi gereken yerleri örtmeniz gerekir. **Saçlar**, örtülmesi farz olan yerler değildir, ancak saçları da örtmek **takvada titizlik** duygusunun bir belirişi olabilir.

11. Gün doğarken ya da güneş batarken namaz kılınır mı?

Güneşin doğması ve batması anında namaz kılınmaz. Bunun içindir ki, **sabah** ve **ikindi** namazlarının peşinden namaz kılınmaz. Ayrıca, güneşin tam tepe noktasında olduğu zamanda da namaz kılınmaz.

12. Cinsiyet değiştirenlerin cenaze namazında niyet na-

sıl edilmelidir?

Cenaze namazında cinsiyet belirtilmesi dinin bir emri değil, geleneğin bir uygulamasıdır. Cenazede "**musalladaki ölüye**" diye cinsiyet belirtmeden de niyet edilebilir.

Cinsiyet değiştirmiş olanın, kendisi için seçtiği ve topluma duyurduğu kimlik (kadın veya erkek) esas alınarak da niyet edilebilir. Gerisi Allah'a kalmıştır.

13. İslam'da, bâtın ve zâhir adı altında iki türlü namaz var mıdır?

Böyle bir ayrım yoktur. Böyle bir ayrım İslam'ın ruhuna aykırıdır.

14. Şu anda İslam âleminin kıldığı namaz, Hz. Peygamber tarafından aynı şekilde mi kılınmıştır?

Peygamberimizin kıldığı namaz kaynaklarda açık bir biçimde verilmiştir. **Secde, rükû** ve kıyamda fark yoktur. Fark, namazla ilgili diğer konulardadır. Bu farkları görmek için "**İslam Nasıl Yozlaştırıldı**" kitabımızın **Namaz** bölümüne bakılabilir.

15. Secdedeyken Allah'a içimizden geldiği gibi dua ede-

bilir miyiz?

Secdeyi aşırı uzatmamak şartıyla edebilirsiniz.

16. Yûnus Suresi 87. ayetteki "salât" sözcüğünü hangi anlamda alabiliriz?

Genellikle namaz kılmak diye çevirdiğimiz "**salât**" sözcüğü lügat anlamıyla dua etmektir. Kur'an salâtı dua etmek anlamında onlarca yerde kullanmıştır. Hangi ayette hangi anlamda kullanıldığına sözcüğün siyak ve sibakına (önüne ve arkasına) bakarak karar veririz. Yûnus 87. ayetteki **salât** sözcüğünü, **Hz. Mûsa** ümmetinin şekli belirlenmiş temel ibadeti anlamında alabileceğimiz gibi, salt dua anlamında da alabiliriz.

17. Namaz sonunda selam vermenin anlamı nedir?

Namazdan çıkıldığının bir ifadesi ve ibadette bile barış ve esenliğin vurgulandığının bir göstergesidir.

18. Vakit namazlarının birleştirilmesinde sıra nasıl olmalıdır?

Cem etme durumunda sıra bozulmaz. Eğer öğle ile ikindi cem ediliyorsa (öğlenin veya ikindinin vaktinde) önce öğle, sonra da ikindi kılınır.

Eğer akşam ile yatsı cem ediliyorsa (akşamın veya ikindinin vaktinde) yine sıraya uygunluk korunarak önce akşam, sonra da yatsı kılınır.

19. Abdest alırken ayakların mesh edilebileceği sonucunu nereden çıkartıyorsunuz?

Kur'an, abdesti öyle tanıtmaktadır. Nerelerin yıkanıp nerelerin mesh edileceği Mâide Suresi 6. ayette açıkça belirtilmiştir.

Abdestte ayakların yıkanması, bir tercih meselesidir. İsteyen bu tercihi elbette ki kullanır. Ancak ayaklarını **mesh** edenlerin abdestine dil uzatmak, Kur'an'ın tanıttığı, Peygamberimizin ve ashabının aldığı abdesti beğenmemek olur.

20. Vakit namazları zamanında kılınamamış, cem etme imkânı da bulunamamışsa, kılınamayan bu namazlar kaza edilebilir mi?

Kur'an namazlar için **kaza** diye bir düzenleme yapmamıştır. Ancak namazlarında aksaklıkları olmuş bir kişinin Cenabı Hakk'a tövbe ve boyun büküşünü ifade için vakit namazlarına ilaveten namaz kılması kulluk bilincine yakışır bir tavırdır.

Kaza diye kılınan namazlar, kılınmamış namazların yerine geçmez. **Ancak yeni namaz kılınmış olur, o da sevaptır, güzeldir. İmam Gazâlî** (ölm.505/1111), namazların kazası konusunda ısrarlı davranan fakıhları eleştirirken şöyle yazıyor: "**Namazın edasına ilişkin mutlak emir, vakti geçen namazı kaza etmenin vücubuna (gerekliliğine) kanıt olmaz. Namazın bir başka vakitte kılınması bir başka namazdır. Kazadan söz etmek için ya bağımsız bir kaza emri yahut da üzerinde icma' edilmiş bir kıyas gerekir. Böyle bir şey yoktur. Ama fakıhlar bunun aksi ni ileri sürerek 'Namaz kıl!' emrinin, "Vakti geçen namazı kaza et!' emrini de içerdiğini ileri sürerler.**" (Gazâlî; el-Menhûl, 120-121)

21. Namazın iftitah tekbirinde kadınlarla erkekler neden ellerini farklı kaldırırlar?

İftitah (açış, giriş) tekbirinde erkeklerin ellerini kulak hizasına kadar, kadınlarınsa omuzları hizasına kadar kaldırmaları dinin bir emri değil, geleneğin bir uygulamasıdır. Kadınlar orada da erkeklere nazaran "**kısık ve çekingen**" bir harekete zorlanmışlardır.

İftitah tekbirinde ellerin şuraya veya buraya kadar kaldırılması diye bir zorunluluk yoktur.

Ellerin kaldırılmasında kadın-erkek ayrımı da yoktur. İsteyen ellerini istediği şekilde istediği yere kadar kaldırır. Hatta sadece "**Allahu ekber!**" diyerek hiç ellerini kaldırmadan da namaza girebilir. **İmamı Âzam**, Allah'ı tekbirin sözcüklerle kayıtlı olmadığını, iftitah tekbirinde Allah'ı başka bir sözcükle de (örneğin, **Allah Rahman**; **Allah Kerîm**, sübhânallah vs. diyerek veya bunların Türkçesini söyleyerek) anabileceğimizi söylemektedir. **İmamı Âzam** 'ın düşüncesine göre, tekbir emrini veren Müddessir Suresi 3.ayetten maksat ille de "**ekber**" sözünü kullanmak değil, Allah'ı bir biçimde yüceltici lafızlar kullanmaktır. Bunların namazın esası, vahyî özellikleriyle bir ilgisi yoktur. Zaten bunlar, mezhepten mezhebe değişen uygulamalardır. Ve hemen tamamı, namazı zorlaştırıp içinden çıkılmaz hale getirmekten öte bir işe de yaramamıştır. Düşünün bir kere, iftitah tekbiriyle yani namaza girerken söyleyeceğimiz iki kelimelik bir cümle ile ilgili "**şartlar**" (!) "**hak mezhepler**" sayılan (ötekiler neden bâtıl?) **Hanefîlik**'te 20, **Şâfiîlik'te** 15, **Mâlikîlik**'te 10, **Hanbelîlik**'te 9'dur. (bk. Abdurrahman el-Ce-zîrî; el-Fıkh ale'l-Mezâhibi'l-Erbaa, 1/ 200-206)

Daha ilginç bir şey: **Şâfiîlik**, **Mâlikîlik** ve **Hanbelîlik**'teki şartlar arasında **iftitah tekbirinin** Arapça alınması da vardır.

Daha namaza girmek için elleri kaldırmaya 15-20 şart koyan ve daha ilk adımda Arap olmayanları dışlayan bir anlayışın namaza ve namaz kılanlara iyilik yaptığını söylemeyi, akla ve Kur'an'a saygısızlık sayarım.

Hz. Peygamber'in, namaz kılmayı öğrenmek isteyen sahabîlerine bu işi birkaç dakikalık bir zaman içinde, hatta çoğu kez ayak üstü öğrettiğini onun hayatını anlatan eserlerden öğreniyoruz. Kur'an'ın öğrettiği namaz işte budur. Peki, **toplam "şartları" (!) yaklaşık 500'ü bulan ve bazı anlatımlarla 300, 400 sayfalık bir bahis oluşturan geleneksel namazla Peygamberimizin anlattığı namaz nasıl olur da aynı namaz olur.**

Ve geleneğin anlattığı bu "**öğrenilmesi ve uygulanması başlı başına bir ihtisas isteyen**" sözde namazı kılmak kaç kişi için mümkün olabilir? Tüm insanlığın, tüm zamanların ve mekânların dini olan İslam'ın böyle bir ibadet emrettiğini söylemek Kur'an dininin evrensellik, fıtrata uygunluk, sadelik ilkeleriyle çelişmez mi?

Tam bu noktada, değerli fakîh dostum **Diyanet İşleri Başkanlığı Danışmanı Ali Akın**'ın anlattığı ibret dolu bir olaya değinmek istiyorum: Almanya'nın **Hannover** kentinde bir bayan, Kur'an'ı okuyarak Müslüman olmuş. Bunun ardından civardaki bir Müslüman din yetkilisine gidip "**Dinimin ibadet ve uygulamalarını öğrenmek istiyorum, bana bir kitap önerin"** ricasında bulunmuş. Yetkili de bu hanıma, **Ömer Nasuhi Bilmen**'in **"Büyük İslam İlmihali"** adlı o kocaman kitabını önermiş.

Alman hanım, geleneksel fıkhın katı kuralcı ve hurafeci kitaplarından biri olan bu ilmihali okumaya başlamış. Bir süre sonra, kitabı kendisine veren kişiye gelerek, "**Ben, Kur'an 'ı okuyarak Müslüman oldum ama eğer dinimi bu kitaba göre yaşayacaksam ben bunu yapamam. Bunca kuralı yerine getirerek ibadet etmem mümkün değil. Allah'a yakarmayı böylesine aşılmaz şartlara bağlayan bir dinin yaşanabileceği kanısında değilim.”**

“Ben tekrar eski dinim olan Hristiyanlığa dönüyorum.” demiş ve yeniden Hristiyan olmuş.

İşte, uydurmacı-hurafeci-kılı kırk yarıcı geleneksel fıkhın İslam'a kazandırdıklarına (!) küçük bir örnek...

Özetlersek, **iftitah** tekbirinde korunması gereken; toplayıcı bir ibadet olan namazın girişinde, Kur'an'ın "**Ve rabbini tekbir et!**" (Müddessir, 3) emrini yerine getirmektir. Ellerin şöyle veya böyle kaldırılması, hatta kaldırılıp kaldırılmaması namaza hiçbir zarar vermez. **Peygamberimiz bu tekbirde ellerini çok değişik şekillerde kaldırmıştır.** Bu kaldırış biçimi, kişinin o andaki ruh haline bağlı olarak değişebilir. Bunu kurala bağlamak din olarak değil, uygulamada birlik olarak anlam ifade edebilir; ancak bu kurala uymamak namazın sağlığına etki etmez.

22. İbadet/namaz ana dilde olmalı diyorsunuz. Almanya veya diğer ülkelerde ana dilleri farklı Müslümanlar var. Bu durumda herkesin ayrı camisi mi olacak?

Konunun sizin söylediğinizle bir ilgisi yoktur. Cami ve cemaatte, istenirse orijinal Kur'an metni okunabilir. Cami ve cemaat için bizim önerimiz de budur. Çünkü cami ve cemaatte namaz kıldıran kişi orijinal metni okuyacak yeterliliktedir. Ancak bireysel ibadette durum böyle değildir; her insan **Arapça** bilmez, bilmek zorunda değildir. O halde, herkes kendi diliyle ibadet edebilmelidir.

Bu konu, "**Yeniden Yapılanmak**" adlı kitabımızın "**Ana Dilde İbadet**" bölümünde genişçe incelenmiştir.

23. Namazın toplu şekli Kur'an'da verilmiyor, parça parça veriliyor. Nedenini açıklar mısınız?

Hz. Peygamber o sözünü ettiğiniz parçaları (**tespih, hamd, dua, rükû', secde** vs.) birleştirerek bugünkü şekliyle namazı göstermiştir. **Namaz, toplayıcı bir ibadettir.** Kur'an'ın insandan istediği tüm niyaz ve tespih faaliyetlerini mükemmel bir biçimde birleştirip bizim yararlanmamıza hazır hale getirmiştir.

24. Rükû ve secdede söylenen sözler (sübhâne rabbiyel azîm, sübhâne rabbiyel a'la: O büyük rabbimi tespih ederim, o yüce rabbimi tespih ederim) bağlayıcı mıdır, yerlerine başka niyaz sözleri söylenebilir mi?

Rükû' ve secde sırasında söylenen o sözler, bağlayıcı değildir. Hatta onları hiç söylemeseniz de **namazınız** geçerlidir. Yerine başka bir şey söyleseniz de olur. Örneğin onlar yerine, kendi dilinizde "**Allahımı tespih ederim**" veya "**Allahım seni tespih ederim**" veya sadece "**Allah!**" deseniz yine olur. Önemli olan, Allah'ı anmaya yönelik bir düşünce ve söz faaliyetinin içinde olmaktır. Namazın esası budur. Cenabı Hak namazın ne için kılındığını anlatırken aynen şöyle buyuruyor: "**Namazı, beni anmak için kıl!**" (Tâha Suresi, 14)

25. Kur'an'da 3 vakit namaz ifade edilmişken, Peygamberimiz neden 5 vakit kılmıştır?

5 vakit kılmış yani bir miktar sevap namaz eklemiştir. Bunlara "**sünnet-i müekkede**" yani pekiştirilmiş sünnetler denir. Müslümanların namazları, işte bu müekked sünnetlerle birlikte 5 vakittir. Peygamberimiz genelde 5 vakitte kılmış, ama çoğunlukla namazlarını üç vakitte toplamıştır.

26. Kur'an'da namazın kazasından bahis olmadığına göre, vakti geçmiş namazların kılınmasının bir anlamı yoktur diyebilir miyiz?

Hayır! Faydası yoktur diyemeyiz. Sevap namazı olarak faydası ve anlamı vardır.

27. Namaz için düzen ve disiplin eskiden gerekliydi, şimdi gereksizdir diyenler günah işler mi?

Namaz için bu tür şeyler söylemek temelden yanlış ve günahtır.

28. Kur'an'dan anlayabileceğimiz şekliyle namaz geçerli midir?

Kur'an'dan anladığımız şekliyle kılınan namaz geçerlidir ve Hz. Peygamber de esasında bu namazı kılmış ve göstermiştir. Bunun dışındakiler geleneğin eklemesidir.

Namaz konusunda Kur'an'da yer almayan uygulamalar, olsa da olur olmasa da türünden ayrıntılardır; kişinin duasına, Allah ile içsel ilişkisine birilerinin müdahalesi cümlesindendir. Onları terk etmek onlara uymaktan daha sevaptır.

29. Hz. İbrahim döneminde namaz vakti var mıydı?

Kur'an'da namaz anlamında kullanılan "**salât**", dua demektir. Salât'ın eski peygamberlerin hayatında nasıl uygulandığını bilmiyoruz. Bu önemli de değildir. Önemli olan hiçbir dinin salâtsız yani duasız olmayacağıdır. Biz Müslümanların salâtı, ideal şekliyle Peygamberimiz tarafından uygulanmış ve bize gösterilmiştir.

30. Seferî namaz, insanların ulaşım sırasında yorulmadığı günümüz şartlarında da kılınabilir mi?

Yolculuğa çıkan, sefer halinin tüm imkânlarından yararlanır. İslam bu konuda "**kolay yolculuk-zor yolculuk**" diye bir ayrıma gitmemiştir.

Esasında yolculukların tümü, bir biçimde zorluk arz eder. Biri bir noktadan, öteki öteki noktadan. Kesin olan şu ki, her **yolculuk**, şöyle veya böyle **metabolizma** üzerinde etki yapar. Dinin önemsediği de işte budur.

31. Peygamberimiz Kur'an'da 3 vakit olan namazı sevap olsun diye 5 vakit olarak kıldıysa, o zaman fazladan kılınan iki vakitteki namazları farz olarak kabul etmek doğru mudur? Bu fazla olan iki vakit hangileridir?

Sabah namazı (Salâtü'l-fecr), günün ortasında kılınan bir namaz (Salâtü'l-vüsta) ve **gün batışından sonra kılınan bir namaz** (Salâtü'l-işa) Kur'an'da adlarıyla gösterilmiştir. 5 vakit kılmak ise Peygamberimizin **müekked** (pekiştirilmiş) diye anılan sünneti cümlesindendir. Günün ortasında ve gün batışından sonra kılınan namaza değişik adlar verilmiş olması bu gerçeği değiştirmez.

32. Ayakları çıplak olarak da mesh edebileceğimizi gös-

teren ayet hangisidir?

Bu ayet, Mâide Suresi 6.ayettir. Ayakların meshinden söz etmektedir; çıplak veya giyinik kaydı yoktur. O kayıtlar sonradan eklenmiştir.

33. İbadetlerimi Türkçe yapmak, namazlarımı Türkçe okuyarak kılmak istiyorum, ancak ne söyleyeceğimi bilmiyorum. Bu konuda ne yapabilirim?

Kendinizi zora sokmayın. Kur'an'ın yüze yakın dua ayetinden bir veya birkaçının Türkçe çevirisini okuyarak namazlarınızı kılabilirsiniz. Ve böyle yapmanız, namazın ruhuna en uygunu olur.

34. Kaza namazı yok ise, bizler de çalışıyorsak namazımızı nasıl kılacağız?

Cem imkânından yararlanıp öğle ile ikindiyi, akşam ile de yatsıyı birleştirerek kılın; o da çözüm getirmiyorsa hayatınızda yeni düzenlemeler yapın. Bunların hiçbirinden sonuç alamıyorsanız, vakit buldukça namaz kılın. Sizin kıldığınız namaza mutlaka bir ad koymanız şart değildir. Allah'a ibadetin bir patentinin, çetelesinin, birilerince tasdiklenmiş bir adının olması gerekmiyor. Vakit buldukça Allah'a ibadet eder, eksikleriniz için O'ndan af dilersiniz. Allah, yaptığınız ibadetlerin hangi ad ve kodla nereye gireceğini sizden iyi bilir.

Kendinizi, geleneksel fıkhın, entelektüel oyunlarla dolu çeteleci-hesapçı mantığından kurtarıp Kur'an'ın tanrısal âlemine yükselin.

35. Kur'an'ı Allah'ın indirdiği sıraya göre okumamak bizim zararımıza olmuyor mu?

Zarar sözcüğünü kullanmak doğru olmaz. Çünkü surelerin tertibi değişse de, nihayet okunan, Kur'an'dır. Ancak, surelerin iniş sırasına göre okunmamasının hiçbir kayıp yaratmayacağı da söylenemez. Bir kere, o tanrısal sıralama, buyrukların insana veriliş sırasını göstermesi bakımından son derece önemli incelikler taşımaktadır. İkincisi, iniş sırasıyla okuma, insan yaradılışına göre buyruk getirip bilgi veren Kur'an'la insanın kucaklaşmasında rahatlık sağlar.

Şunu göz ardı edemeyiz: **İnsandaki fıtrî kod sitemiyle Kur'an arasındaki uyum, iniş sırasına göre okuma halinde daha rahat sağlanır ve daha iyi sonuçlar verir.**

Özetlersek, geleneksel sıralama, binaya bizi bacadan sokmaktadır. Oysaki makbul olan, binaya kapıdan girmektir. Ancak bacadan girmek de sonuçta girmektir. Sadece zorluk ve zahmetle girmektir.

36. Rükûun, uyguladığımız şekilde olduğuna ilişkin Kur'ansal kanıtımız var mıdır?

Önce şu temel gerçeği bilelim: **Kur'an, kullandığı sözcükleri dil içindeki anlamlarında kullanır. Bu anlamlardan sadece birini veya birkaçını esas aldığında bunu bize gösterecek beyanlarda bulunur. Kullandığı sözcük, dilde tam açıklıkla bilinmiyorsa o zaman bu sözcükle neyi kastettiğini bizzat kendisi açıklar.**

Kur'an, kullandığı sözcükleri asla ortada bırakmaz.

Rükû ve secde konusunda da gerçek budur. Yani, biz, rükûun Arap dilindeki karşılığını bulduğumuzda rükûun tanımı da ortaya çıkmış olur. Kur'an bu sözcükleri kullanırken onların Arap dili ve Arap toplumundaki algılanış biçimlerine müdahale etmemiştir. Bu demektir ki onları o dili konuşan kitlelerin bildiği ve anladığı anlamda kullanmıştır. Peygamberimizin rükû ve secdeyi uygulama şeklinin bize yardımını da unutmamalıyız.

Bu temel bilgiler ışığında rükûun Kur'an dili sözlüklerindeki anlamına baktığımızda şunu görüyoruz: **Rükû**, eğilmek anlamındadır. **Secde** ise saygı ve kutsama kastıyla eğilmektir. (bk. **Râgıb el-Isfahânî**, Müfredat, rükû' ve secde maddeleri) Bunun içindir ki secdedeki eğilme rükû'dan daha fazladır. Bu bizi şu noktaya götürür:

Namazda, rükû ile secdedeki eğilme bir miktar farklı

olmalıdır. Yani secdedeki eğilmeyi biraz daha fazla yapmak gerekir. Bu fark korunduğunda secdenin yerden biraz yukarıda olması hiçbir sakınca yaratmaz.

Önemli olan, secdedeki eğilmenin rükûdan biraz daha fazla olmasıdır.

37. Bir kadın olarak başımı örtmeden namaz kılabilir miyim?

Abdest uzuvları örtünmeye tâbi değildir. Böyle olunca, namaz kılarken onların örtülmesi şart olmaz. Yani başınızı örtmeden de namaz kılabilirsiniz.

38. Bir insan içki içerse kıldığı namaz kabul olur mu?

Alkol ve tüm uyuşturucular haramdır. Ancak, içki içen kişi, namaz sırasında sarhoş değilse, namazı geçerlidir.

39. Namazda kıyam sırasında eller neden kadınlarda göğüs üstüne, erkeklerde göbek üstüne bağlanır?

Bu bağlama şekli dinin bir emri değildir; geleneğin bir uygulamasıdır. Diğer uygulamalarda olduğu gibi burada da kadınlara bir kısıntı getirilmiştir.

İşin esası şudur: **Kıyamda her mümin ellerini istediği yerde birleştirir, kadın-erkek ayrımı yoktur.** Hatta kıyamda elleri bağlamak diye bir farz yoktur. Geleneğin "**hak mezhep**" diye andığı 4 mezhep içinde kıyamda elleri bağlamayı yasaklayıp aşağı salıvermeyi esas alanı bile vardır.

40. Kur'an'a göre seferî namaz kılmanın hükmü nedir?

Fıkıh dilinde **sefer** yolculuk demektir. Yolculuk halinde namazların 2 rekât kılınması Hz. Peygamber'in tartışmasız uygulamasıdır. Mesafe ve gün kayıtları sonradan eklenmiştir.

O halde, yolculuğa çıkan kişi, namazlarını sadece iki rekât olarak kılar. **Akşam namazı** her halde üç rekât olarak kılınır.

41. Namazın kıyamında Fâtiha'yı okumaya geçmeden önce Kur'an'dan bir parça olmayan "Sübhâneke" duasını okumanın anlamı ve amacı nedir? Neden böyle bir dua Kur'an'ın önüne alınmaktadır?

Kıyamda (iftitah tekbirinin hemen ardından ayakta iken) **Sübhâneke** duasını okumak bir gelenektir. İşin esasına inersek **Fâtiha**'nın yani Kur'an ayetlerinin önüne herhangi bir insan kelamını almak, namazın ve tevhit ilkelerinin ruhuna aykırıdır. Nitekim, bunun böyle olduğu dört mezhep içinde de fark edilmiş ve örneğin, **Mâlikîler,** Fâtiha 'dan önce **Sübhâneke** okumayı mekruh (çirkin) saymışlardır.

Ben, şahsen, **iftitah** tekbirinden sonra doğrudan Fâtiha Suresi'ni okuyor, **Sübhâneke**'yi tamamen devre dışı tutuyorum. **Allah'ın öğrettiği dualar varken, insanların düzenlediği duaları neden okuyayım?!**

42. Vitir namazında üçüncü rekâtta, rükûa gitmeden önce niye tekbir alınır?

Kısa cevabı şudur: Peygamberimiz **Vitir**'i o şekilde kıldığı için anılan tekbiri almak sünnettir.

Allah dışındaki her şeyi arkaya attığımızın sembolik bir ifadesi olabilir. O tekbir alınmadan kılmak da mümkündür. Esasen, Vitir, farz bir namaz olmadığı için normal namaz formu içinde istediğiniz rekât sayısında kılınabilir.

43. Namaz kılınırken kısık sesli müzik dinlenebilir mi?

Müzik dinlenerek namaz kılınmaz.

44. Namazı dosdoğru kılmak ne demektir?

Namazı, yakalanabilecek en ileri huşû ve arınmışlık içinde kılmak demektir. Sadece bedenin namaz kurallarına uyması, gerçek bir namazın doğması için yetmez. Kur'an, namazın insanı kötülük ve pisliklerden uzak tutacağını bil-dirmektedir. (Ankebût, 45) Buna dayanarak diyebiliriz ki **namazı dosdoğru kılmak, beklenen bu arınmışlık ve temizliği elde etmede en büyük desteği sağlar.** Hatta, Hz. Peygamber'in şunu söylediği kaydedilmektedir ki, Ankebût Suresi 45'in bir açıklaması gibidir:

"Allah'a itaati olmayanın namazı da olmaz. İç ve dış kötülüklerden arınmış kişi ise namazı yerine getirmiş olur." (Abdullah Bin Mübarek; Kitabu'z-Zühd, 290)

Ahlaksal ve bedensel temizlikten yoksun insanların yatıp kalkmalarını "**namaz**" saymak **namaz**ın bir aldatma, bir riya aracı yapılmasına imkân hazırlamak olur ki bunun sonucu gizli **şirk**e bulaşmaktır. Nitekim Kur'an, dinin yalanlanmasıyla eşanlamlı gördüğü riyayı anlatırken namazı örnek vermiş ve **riya** ile namaz kılanları, **gaflet** içinde namaz kılanlar olarak tanıtmıştır.

Bu tanıtıma bakarak, namazı dosdoğru kılmayı, namazı gaflet içinde kılmamak olarak da anlayabiliriz.

45. Kur'an'a göre namaz vakitleri hangileridir?

Kur'an'da, kılmakla yükümlü tutulduğumuz **namaz** üç vakit olarak gösterilmiş ve adları verilmiştir: Gün doğu-şundan önce kılınan namaz yani **Fecir Namazı (Salâtü'l-fecr), Orta Namaz (es-Salâtü'l-vüsta),** gün batımından sonra kılınan namaz **(Salâtü'l-işa)** Peygamberimiz, bu üç vakte **müekked sünnet** (pekiştirilmiş, kesin sünnet) olarak iki namaz daha ekleyerek kılmıştır. Ancak, günlük namazlarını çoğunlukla üç vakitte toplamış yanı **cem** etmiştir.

Cem yapıldığında, öğlen ile ikindi, bunlardan birinin vaktinde, sıra bozulmadan birbiri ardınca kılınır; akşamla yatsı da yine bunlardan birinin vaktinde yine sıra bozulmadan birbiri ardınca eda edilir. Bu şekilde kılmak da beş vakit kılmaktır, ancak Peygamberimizin sağladığı bir ruhsattan yararlanmak söz konusu olmaktadır. Bu demektir ki günde beş vakit namaz kılan bir mümin, ibadetini, Peygamberimizin pekiştirilmiş sünnetlerini de yerine getirmiş olarak yapmış olur.

46. Sadece farzları kılmak Hz. Peygamber'e saygısızlık olur mu?

Önce şunu bilmeliyiz:

Namaz yalnız ve yalnız Allah için kılınır. **"Peygamber için namaz"** tâbiri bile küfürdür.

O halde, **"Sünnetleri kılmayınca Hz. Peygamber darılır."** demek İslam dışı bir ifadedir. **Hz. Muhammed, ken-**

disi için namaz kılınmasını (hâşâ) sağlamak için değil, namazın yalnız ve yalnız Allah için kılınmasını sağlamak için didindi.

Hz. Peygamber'e saygısızlık, namazı onun kıldığı gibi kılmamaktır. Çünkü **sünnet**, bir şeyi Peygamberimizin yaptığı gibi yapmak demektir. **Sünnet** "yöntem" anlamındadır.

Peygamberimizin camiye sokmadığı **teravih, tespih** namazı vs. gibi bid'atları camiye doldurup onun iki rekât kıldığı Cuma namazını 16 rekâta çıkarıp sonra da sünnet namazlardan söz etmek din adına bühtan işlemektir. Bu bühtan asırlardır işlendiği içindir ki Allah da Peygamberimiz de bizden yüz çevirmiş bulunuyor.

Allah'a ve O'nun peygamberlerine hizmet ve saygının Allah'ın dinine yalan söyleterek sağlanacağını sananlar dünya ve âhirette hüsran içinde kalacaklardır.

Ve kalmışlardır...

47. Yataktan kalkamayan bir hasta abdest almadan göz ucuyla namaz kılabilir mi?

Evet, kılabilir ve en değerli **namaz** da böyle kişilerin kıldıkları namazdır. Buna **ima ile namaz** kılmak denir ki sözünü ettiğiniz hastalar için geçerlidir.

NAMAZ KILMAYANLARA YAPTIRIM UYGULANIR MI?

48. Namaz kılmayanlara yaptırım uygulanır mı? Örneğin dayak atılır mı?

Ayrıntılı cevap olarak, "**Kur'an'daki İslam**" kitabımın 604-607.sayfalarıyla"**İslam Nasıl Yozlaştırıldı**" kitabımın **Namaz** maddesini öneriyorum. Kısa cevap olarak, şunu söylüyorum:

Kur'an, namaz kılmayanlara en küçük bir yaptırım uygulamasından söz etmemiştir. Bunda şaşacak bir yön de yoktur. Çünkü Kur'an maddî yaptırımı sadece insan hakları ihlalleri için öngörmüştür. İbadetler alanında maddî yaptırım getirilmemiştir. O alan, Yaratan ile yaratılan arası bir alandır. Oradaki savsaklamaları Allah uhrevî âlemde sorgulayacak; dilediğini affedecek, dilediğini de cezalandıracaktır. İbadet bir iç hadise, bir gönül ve aşk olayıdır. Yaratan ile yaratılan arası bir iç dünya ilişkisidir. Böyle bir ilişkiyi maddesel yaptırıma bağlamak onun bütün ruhaniyetini, derinliğini siler ve

onu her türlü riyakârlığa elverişli bir "gösteri"ye dönüştürür. Kişi, yaptırımdan kurtulsun diye abdestsiz kılar, öfke ile, nefret ederek kılar. Bu, ibadet olmaz, en iyi ihtimalle işkence olur. Hatta riya karıştığı için şirk olabilir.

Şunu vicdan defterimize dikkatle kaydetmeliyiz: **Kur'an, namazı gösteri (riya) aracı yapanları dini yalanlamakla itham etmektedir.** (bk.Mâûn Suresi) **Namazı riya aracına dönüştüren bir numaralı bela ise namaz kılmayanlara yaptırım uygulamaktır. Dinden, imandan, insandan ve irfandan zerre kadar nasibi olanlar bu gerçeği anlamakta asla sıkıntıya düşmezler.**

Allah, böyle bir sonuca vücut vermemek için namaz bahsinde hiçbir maddî yaptırım getirmemiştir. Ama fakıhlar, namaz bahsinde yaptırımın her türlüsünü kurala bağlamışlardır. Kur'an dışı din temsilcilerinin **bir kısmına göre, namaz kılmayanların öldürülmesi gerekir.** Bu dayatmayı dinleştirmek için uydurulmuş bir hadise göre şu üç şeyi terk eden kâfirdir ve kanı helaldir: **Kelime-i şehadet, namaz, oruç.** (Bu uydurmaya eleştiri için bk. Elbânî; ez-Zaîfa, 1/211-212. Ayrıca bk. 1/175)

Uydurmadaki tutarsızlığa bakın ki İslam dinini kabul etmemekle namaz kılmamayı, oruç tutmamayı aynı kefeye koyuyor. Kaldı ki Kur'an, dine girmede bile özgürlük tanımıştır. Dinin içinde baskı uygulanmayacağı ise **Bakara 256.** ayette hükme bağlanmıştır.

Hadis bilgini **Elbânî**, namaz kılmayanları **kâfir** ilan eden rivayetlerin tümünün uydurma olduğunu ispatlamakla kalmamış, tam aksini söyleyen hadislerin sağlamlığını da belgelemiştir. Bu hadislere göre, **esas dindışılık, namaz kılmayanları din dışı ilan etmektir.** (bk.Elbânî; es-Sahîha, 6/640-41)

Üzülerek ve ürpererek söyleyelim ki, **klasik mezhepler içinde, namaz kılmayanlara sopa cezası, hapis yaptırımı öngörmeyeni hemen hemen yoktur.**

Bunu nasıl yapmışlardır? İdarî-pedagojik gerekçeler uydurarak. Onların deyimiyle bir tür "**ta'zîr**" (yanlış yapanları hizaya getirmek için yönetimin ceza yetkisi kullanması) mantığı işleterek. Peki ama, **iman ve ibadet alanında içtihat** olmaz ilkesi esas değil midir? İçtihat olmayan bir alanda nassla yani vahyin verileriyle belirlenmemiş bir uygulamayı (hem de ceza türünden) nasıl makul görebiliriz?

Ne yazık ki makul görülmüş ve her türlü dayatmaya gidilmiş, her türlü ceza verilmiştir.

Fakıhların tüm bu dayatma ve yaptırım uygulamaları Kur'an dışıdır.

Namaz kılmayan çocukların dövüleceğine ilişkin rivayet de, Kur'an'a açıkça ters olduğu için uydurmadır, din dışıdır. Doğrusu şudur: Allah, namazı kuluna emretmiş ama onu özgür iradesiyle baş başa bırakmıştır.

Kul, Allah ile beraber olmayı namaz şeklinde yaşatmak istediği anda namaz kılar. Kılmaz ise o onunla Allah arasındadır. Allah'a niyaz sadece namazdan ibaret de değildir. Örneğin, **Kur'an okumak namazdan daha öncelikli ve daha üstün bir ibadettir.** (bk. Ankebût Suresi, 45)

Namazla ilgili olarak İslam'ın gerçek kabulünü **Hz. Ali**'nin şu sözünden daha güzel açıklayacak bir söz bulunamaz: "**Namazı gücünüz yettiği kadar kılın. Şu bir gerçek ki Allah namaz için kimseye azap etmeyecektir.**" (**İbn Hemmâm,** el-Musannef, 3/78) Bir, "**Konuşan Kur'an**" unvanlı **Hz. Ali**'nin sözüne, bir de fıkıh kitaplarında kurallaştırılanlara bakın! Ve bu dinin ne hale getirilidiğini bir kez daha düşünün!

Namaz kılmayanları uyarmak ve namazı özendirmek şeklindeki rivayetlerle onu kılmayanları cezalandırmayı, hatta öldürmeyi emreden rivayetleri, (her tür rivayette olduğu gibi), Kur'an'a giderek değerlendirmek zorundayız. Bu bizim hem görevimiz hem de şansımızdır.

Kur'an'a ters düşen bir söz, "hadis" rivayeti olarak kalitesi ve kaynağı ne olursa olsun, din dışıdır; Hz. Peygamber'e iftiradır. Böyle bir sözü, muazzez Peygamberimize mâl etmenin bizzat kendisi en büyük günah, en büyük hüsrandır. Eğer biz önümüze "hadis" diye getirilen sözleri, Kur'an'a arz etmeden peşinen kabul edeceksek, o zaman Kur'an'ın işlevi nedir? Böyle bir durumda "Kur'an Allah'ın kitabıdır" demenin bir anla-

mı var mıdır?

"Namaz kılmayanlar, kan çıkıncaya kadar dövülür, öldürülür, hatta namaz kılmayan çocuklar da dövülür" yolundaki rivayetleri Kur'an'ın tebliğcisi Peygamberimize isnat etmekten Allah'a sığınırız.

Uydurmalara dayanan hurafe dinini halka dayatanları tövbeye çağırmak gerekir. Ancak onların tövbe ve düzelme yoluna gittikleri pek görülmediğinden **halkı, dinini Kur'-an 'dan öğrenmek üzere uyarmak, bilgilendirmek, bilinçlendirmek ve kendisine bu yolda imkân sağlamak en iyi yoldur.**

Şimdi, namazla ilgili rivayetlerin Kur'an'dan onay alacak olanlarından bazılarını verelim. Hz. Peygamber buyuruyor ki:

"Allah, beş vakit namazı kulları üzerine yazmıştır. Kim bunları kılar, küçümseyerek terk etme yoluna gitmez ise onu cennete koymak Allah üzerine bir ahit olur. Bunları yerine getirmeyene gelince, onun cennete girmesi konusunda Allah'ı bağlayan bir ahit yoktur. Allah isterse ona azap eder, isterse cennetine koyar." (Ebu Davud, vitir; Dârimî, 1/370)

"Allah'a itaati olmayanın namazı da olmaz. İç ve dış kötülüklerden arınmış kişi ise namazı yerine getirmiş olur." (İbn Mübarek, Kitabu'z-Zühd, 290. Bu hadisin dayandığı Kur'an beyyinesi için bk. Ankebût Suresi, 45)

Hz. Peygamber'in namaz konusunda Kur'an'a ters düşmeyecek sözleri işte bunlar olabilir. Bunun aksini söyleyerek din adına **despotizm** getirenler, toplumu, inanmadığı şeyleri korku yüzünden yapmaya mecbur bırakarak **gizli şirk** olan riyakârlığı kökleştirirler. Böylece kaş yapalım derken göz çıkarırlar. Ona-buna, özellikle din despotlarına şirin görünmek için abdestsiz, taharetsiz, hatta gusülsüz namaz kılanlar ortalığı doldurur. Ve bunun sonucunda gerçek anlamda ne din kalır, ne iman... Bu noktaya getirilen bir kitle, Allah'ın ne istediğini değil, din despotizminin ne istediğini düşünür.

Böyle bir toplumun, insan onuru ve mutluluk adına bir geleceğinin olduğunu söylemek mümkün müdür?..

49. Eşim, inançlı biri olmasına rağmen namaz konusuna uzak duruyor. Allah'ın yasakladığı baskı ve zorlama yoluna gitmeden onu namaz kılmaya nasıl yönlendirebilirim?

Zorlamaya gitmeyin, buna hakkınız yoktur. Böyle bir şeyin sonucu da beklenenin tam aksi olur.

Özendirin, bilinç uyandırın. Ve daha önemlisi, namaz kılmanın değerini, kişiliğinizdeki gelişmeler ve seçkinliklerle ortaya koyarak ona örnek olun. "**Bunları yapamam!**" diyorsanız eşinizi kendi haline bırakın.

CUMA NAMAZI VE HUTBE

50. Cuma günleri, öğle namazının 4 rekâtını, sonra Cuma namazının 2 rekât farzını kılıp çıkıyorum. Bunun sakıncası var mıdır?

Cuma kılan kişi, öğlen namazını da kılmış sayılır. Ayrıca öğlen namazı kılması gerekmez.

Cuma namazı öğlenin yerine geçer.

51. Cuma namazı, Peygamberimizin kıldığı şekliyle kaç rekâttır?

Cuma namazı iki rekâttır. Cumanın önünden ve sonundan değişik adlarla kılınan tüm namazlar **bid'at**tır; sonradan eklenmiştir. Bunları kılmamak kılmaktan sevaptır. Çünkü dine yakışan ve yaraşan, **bid'at**ı terk için gayrettir, bid'atı ihya için gayret değil...(Cuma konusundaki bid'atlar ve gerçek **Cuma** namazı ile ilgili geniş bilgi için bk. "**İs-**

lam Nasıl Yozlaştırıldı", Cuma maddesi)

Kur'an,namazların **rekât** sayısından bahsetmez. Rekât sayıları, Hz. Peygamber'in uygulamasıyla belirlenmiştir. Zaten, anlamına tam uygun bir namaz en az iki rekâttan oluşur.

Mekke döneminde tüm namazlar ikişer rekât idi. **Medine** döneminde Hz.Peygamber bunları yolculuk halinde iki rekât olarak dondurdu, normal zamanlarda ise bazılarını 4 rekât olarak kılmaya başladı. Bu demektir ki 4 rekât kılınan namazların (**öğle, ikindi, yatsı**) son iki rekâtları Peygamberimizin **müekked sünnet** denen sünneti cümlesindendir.

Akşam namazı her hal ve şartta 3 rekât kılınır.

52."İslam kurallarıyla yönetilmeyen bir ülkede Cuma namazı kılınmaz, Türkiye de bu ülkelerden biridir; Türkiye'de de Cuma namazı kılınmaz." görüşü doğru mudur? Bu görüşü desteklemek için; Diyanet İşleri Vakfı'nın çıkardığı İslam Ansiklopedisi'ndeki "Darülharp" maddesi kanıt gösteriliyor. Bu konuda ve anılan ansiklopedi maddesi hakkında görüşünüz nedir?

"**Türkiye'de Cuma namazı kılınmaz**" diyen görüş temelden yanlıştır, siyasaldır. Dinde dayanağı yoktur. Allah ile aldatma oyunlarından biridir.

Cemaatin oluştuğu her yerde ve her şartta Cuma kılınabilir. (Geniş bilgi için bk. "**İslam Nasıl Yozlaştırıldı**", Cuma maddesi)

Anılan ansiklopedi maddesine gelince: O madde, Türkiye'yi **darülharp** göstermek için, kaynakları saptıran ve birçok bilgi ve tespitin üstünü örten bir maddedir. İlgili kaynaklar, tarafsız ve ilim vicdanına uygun bir tavırla değerlendirildiğinde, Türkiye'nin bir darülharp toprağı olduğu değil, olmadığı, olamayacağı sonucu çıkar.

Anılan maddenin iyi niyetle yazılmış bir madde olduğunu söyleyemeyeceğimi üzülerek belirtmek zorundayım.

53. Diyanet İşleri Başkanlığı, Cuma namazı ile ilgili sorulan sorulara verdiği resmî cevabında (22 Mart 2001 tarih ve 0.10.214/335 sayılı Mehmet Altunkaya imzalı yazı) Cumanın şartlarının nasslara değil, uygulamaya dayandığını söylüyor. Uygulamaya dayanarak farz bir ibadete şart eklemenin vahye dayalı bir din olan İslam açısından hükmü nedir?

Böyle bir eklemenin de böyle bir ifadenin de hükmünü burada adlandırmaktan ürperti duyarım. Onu sizin idrakinize bırakıyorum.

Bu tür eklemelere, "**uygulama, gelenek, uygun görülen, mezhep yorumu, din bilginlerinin önerileri**" vs. gibi adlar verilebilir, ama bunlara "**şart**" demek, onları olmazsa olmaz konumuna getirir ki bu onların farzlaştırılmasıdır. **Farzlaştırmak** sadece ve sadece vahyin yetkisindedir. Vahye dayanmayan bir tespite "**şart**" unvanı vermek dine ekleme yapmak, Allah'ın yetkilerini bilerek veya bilmeyerek kullanmaya kalkmak demektir.

Biz burada şunun altını çizelim: Bizim yıllardan beri "**uydurulan din, sözde İslam, vahye dayanmayan örf dini**" vs. adlarıyla iç yüzünü gösterdiğimiz gelenek ve hurafe dininin birçok tespiti işte bu şekilde oluşturulmuş "**şartlar**"ın bir toplamıdır. Halk neyin olup bittiğini bilmiyor, kendisine "**Bu, bu işin şartıdır**" denip bu şartları yaratan fıkıh kitaplarından bir-iki kaynak da gösterildi mi iş bitiyor.

Halkın artık, "**Dinin, ibadetlerin şartlarını dinin sahibi olan Allah mı koyar, yoksa Allah adına vekâlet kullanmaya kalkan birileri mi?**" diye sorması lâzımdır. Aksi halde din, kitleyi perişan etme aracı olarak daha asırlarca kullanılır.

Cuma namazının şartları ancak ve ancak Kur'an tarafından belirlenir. **Cuma namazının, diğer namazlara ek olarak Kur'an tarafından belirlenmiş tek şartı bu namazın cemaatle kılınması gerektiğidir.** Kişiler tek başlarına Cuma namazı kılamazlar.

Bunun dışında "**şart**" diye ortaya sürülen tüm tespitler sonradan uydurulmuştur. Dileyen onları uygulayabilir, ama hiç kimseye "**dinin emri**" gibi dayatamaz. Dayatmaya kalkarsa küfre girer.

54. Kadınların Cuma namazı kılması konusunda Diyanet fetva vermezse ne yapmamız gerekir?

Kadınların Cuma kılması konusunda Allah ve Peygamber fetvayı vermiştir. Bu böyle iken siz neden **Diyanet**'ten fetva almak ihtiyacı duyuyorsunuz?

Kadınlar, tıpkı erkekler gibi **Cuma** namazı kılarlar. Ayrıntılı bilgi , "**İslam Nasıl Yozlaştırıldı**" kitabımızın "**Cuma**" ve "**Kadın**" maddelerinde verilmiştir.

55. Siz, camilerdeki minberlerin bid'at olduğunu söylüyorsunuz. Diyanet İşleri ise minberlerin sünnet olduğunu, Hz. Peygamber'in de minberinin bulunduğunu iddia ediyor. Biz ne yapacağız?

O minberler de o kürsüler de bid'attır, hem de **bid'at**in katmerlisidir. Bunlar içinde otuz-kırk basamaklı olanları vardır. Bunlar bid'attır ve bunların İslam mâbedinden çıkarılması sünnete uygunluğun sağlanması olacaktır.

Gelelim **Diyanet**'in yaptığına: **Diyanet**, burada da, geleneksel kabulleri incitmeme politikası uygulamaktadır. Birçok yerde yaptığı gibi... Şöyle ki:

Rivayetlerde sözü edilen "**Peygamberimizin minberi**" ile bugünkü minberler arasında kelime benzerliği dışında bir ilgi yoktur. Kitaplarda "**minber**" sözcüğünün geçmiş olmasını istismar ederek, bid'at âbidesi **minber-minare** ve kürsüleri, Hz. Peygamber'in zorunluluk yüzünden konuşma sırasında yaslandığı ve daha sonra üzerine oturduğu iskemle benzeri "**minber**" ile aynı şeymiş gibi gösterip halkı yanıltmak en azından ayıptır.

Kelime oyunlarını bırakıp sadede gelirsek;

Hz. Peygamber'in minberi diye ortaya getirilen ve bugünkü minberleri savunmada kullanılan şeyin mahiyeti şudur: Peygamberimiz ilk zamanlarda konuşurken bir hurma kütüğüne dayanıyordu. Mescidin içinde konuşacağı zaman ayağa kalkıp ona dayanır ve halka öyle hitap ederdi. Daha sonraları, Peygamberimiz yaşlandı, konuşma sırasında oturma ihtiyacı hissetti. Ve bunun üzerine sahabîleriyle de görüştükten sonra Medineli bir marangoz, konuşurken oturması için kendisine ağaçtan bir minber yaptı. Peygamberimiz hutbe okuduğunda hutbesini ikiye böler, arada kısa bir süre bu minber üzerine otururdu.

Birinci, ikinci hutbe ayrımı da işte bu oturmalardan kaynaklanmıştır.

İşte, Peygamberimizin minberi denen araç budur. **Oturma-**

ya yarayan bir tür koltuktur.

Şimdi, bu minberi göstererek, üç-dört dakikalık bir sürede, halka sırt dönülerek çıkılan ve halkın seviyesinden bazen üç dört metre yukarıda olan ve kullanılmasında, alışkanlık dışında en küçük bir zorunluluk bulunmayan koca kütleleri "**sünnet**" diye göstermeye kalkmak, bir bühtan değilse bir idrak zaafıdır.

Cami, mâbet midir, ahşap-oyma eserler müzesi mi?

Mâbetleri süslemeyi, görkemli yapmayı, ümmetlerin çöküş belirtilerinden biri sayan bir Peygamber, acaba, İstanbul **Süleymaniye** Camii'ndeki veya Bursa **Ulu Cami**'deki minbere benzer bir minber mi edinmişti?

56. Siz, "Hutbe, Cuma namazından sonra okunmalıdır" diyorsunuz; Diyanet ise hutbenin Cuma namazından önce okunmasının esas olduğunu, Peygamberimizin uygulamasının da böyle olduğunu söylüyor. İşin esası nedir?

Bu tartışma işin esasıyla değil, yöntemle ilgilidir.

İşin esası şudur: **Hutbe, Cuma namazının şartı değildir.** Namazdan önce de okunabilir, sonra da. Bunu çevrenin şartları, cemaatin durumu belirler. Hatta hutbe hiç okunmasa da olur. Ancak, Hz. Peygamber döneminde nasıl okunduğu, yöntemin sünnete uygunluğunu belirlemek açısından anlamlıdır. Dahası, hutbenin okunuşuna müdahale eden zihniyetin bunu ne için yaptığını gösteren ifadeler olaya tarih açısından ciddiyet kazandırmaktadır.

Hadis ve fıkıh kaynakları, hutbelerin okunuş tarzını değiştiren bir **Emevî** uygulamasını eleştiri konusu yapmaktadır. Bid'atları konu edinen eserlerde bu eleştiri daha sert ve nettir. Eleştirinin esası şudur:

Emevîler, Peygamberimizin namazdan sonra okuduğu hutbeyi namazdan önceye alarak sünnete aykırı bir uygulama başlatmışlardır.

İşin şaşırtıcı yanı şu ki, şikâyet konusu edilen bu uygulama, kaynakların "**bayram namazları**"nı ele alan bölümlerinde verilmektedir. Bundan ilk bakışta çıkacak sonuç şu olacaktır: Hutbelerin yerini değiştiren Emevî bid'atinin Cuma hutbesiyle ilgisi yoktur. **Cuma hutbesi**, Peygamberimiz döneminde de namazdan önce okunuyordu.

Şikâyet ve rivayetlerin fıkıh-hadis kaynaklarında yer aldığı bölüm başlıklarına baktığımızda varılacak sonuç budur.

Ancak ortada izahı çok zor bir durum vardır: Emevîlerin hutbe operasyonunu eleştiren din otoriteleri, bu uygulamanın sebebini, cemaati hutbede anlatılanları dinlemek zorunda bırakmak için, hutbeyi namazın önüne almak, böylece namazı kıldıktan sonra camiyi terk edip gitmelerini engellemek olarak gösteriyorlar. Emevî hatipleri hutbelerde öyle çirkin ve İslam dışı şeyler anlatıyorlardı ki sahabî nesli bunları dinlememek için elinden geleni yapıyordu. Ve namaz hutbeden önce kılındığı için de hutbeyi beklemeden camiyi terk ediyorlardı.

Emevîler bunu önlemek için hutbeyi öne alıp halkı hutbeyi dinlemeye mecbur bırakıyorlardı.

Hutbelerdeki bu Emevî operasyonununun sebebini, **Hanefî** fıkhının en büyük otoritelerinden biri sayılan **Serahsî** (ölm.483/1090), Hanefiliğin amelde bir numaralı kaynağı kabul edilen ünlü eseri **el-Mebsût**'ta şöyle veriyor:

"**Hz. Peygamber zamanında hutbe namazdan sonra okunurdu. Râşit Halifeler devrinde de böyle okundu. Daha sonra Emeviler hutbeyi namazdan önceye aldılar. Bunun sebebi şuydu: Onlar hutbelerinde helal olmayan şeyler söylüyorlardı. İnsanlar bunları dinlememek için namazdan sonraya kalmıyorlardı. Emevîler bunu önleyip halkı, söylediklerini dinlemek zorunda bırakmak için, hutbeyi namazın önüne aldılar.**" (Serahsî; Mebsût, 2/37)

Serahsî'nin söyledikleri kelimesi kelimesine bunlar. Bu şikâyet paragrafında sözü edilen, "**bayram hutbesi**" değil, sadece "**hutbe**"dir. Ne var ki konunun ana başlığı "**Bayram namazları**" olduğu için insanın aklına, bu hutbenin bayram hutbesi olduğu geliyor.

O halde, burada, konunun başlığını esas alarak şikâyetin bayram hutbeleriyle ilgili olduğunu söyleyip işin içinden çıkmak mümkündür ve çok kolaydır. Nitekim, **Diyanet İşleri** de bu yolu seçip "**Hutbelerdeki yer değiştirmenin Cuma namazıyla ilgisi yoktur; kaynaklar bu konuyu bayram namazları bahsinde vermektedir**" deyip konuyu kapatıyor.

Bize gelince, biz, "**Allah, aklını kullanmayanlar üzerine pislik atar.**" (Yûnus, 100) diyen bir kitabın mümini sıfatıyla bu rivayette aklı tatmin etmeyen bir durum olduğunu görmezlikten gelemiyoruz.

Bir kere, bayram namazları farz değil, sünnettir. İsteyen kılar, istemeyen kılmaz. İkincisi, bayram namazları yılda toplam iki tanedir.

Şimdi, **Emevîlerin şikâyet konusu olan amaçları ve uygulamaları, hiçbir bağlayıcılığı olmayan iki tane bayram namazı için olabilir mi? Sahabî nesli, bu adamları yılda 52 hafta sessiz sadasız dinleyecek, ama kılınması dinen zorunlu olmayan iki bayram namazı yüzünden problem çıkaracak...**

Böyle bir şey abes olur. Ve Serahsî gibi dirayetli bir bilginin bu abesi çok ciddi bir ifadeyle şikâyet konusu yapması ise abes içinde abes olur.

Böyle bir şeyi kabul bizce akla ve şikâyetin arkasındaki

gerçeğe aykırıdır.

Bizim kanaatimiz odur ki, **hutbelerin tümü namazdan sonra okunuyordu, Emevîler bunu tersine çevirdiler.** Ancak, bu bid'atin Cuma namazlarını kapsayacak biçimde sergilendiğini açıkça ifade etmeye kimse cesaret edememiş, bunu bayram namazları bahsinde ele alarak karşı çıkışın yaratacağı tepkinin şiddetini azaltma yoluna gitmişlerdir. Serahsî, bu kaygıyla olacak ki, konuyu bayram namazları bölümünde incelemiş ama Emevîlerden şikâyeti ifadeye koyarken "**bayram hutbesi**" dememiş, sadece "**hutbe**" diyerek, anlamak niyetinde olanlara esas mesajı vermiştir.

Kısacası, hutbelerin yerinin değiştirilmesi bid'atini sadece bayram namazlarıyla ilgili kabul edersek, Emevî uygulamasına yönelik ağır ve çok düşündürücü şikâyetin hiçbir anlamı kalmaz. Aklı işletmek yerine rivayete teslimiyeti esas alan yaklaşımları hayretle karşılıyoruz.

57. Hutbeler sadece dini içerikli mi olmalıdır?

Hutbe, topluluğa hitap demektir. Topluluğun ihtiyacı neyi gerektiriyorsa hitap o konuda olur. Hutbe, ibadet için toplananlara, ya din adına öğüt verir, yahut da toplum için zorunlu-âcil bazı bilgiler vermeyi amaçlar. Bir eğitim aracıdır. Bu yüzden de hutbe, **dinleyenlerin bildikleri ve anladıkları dilde olmalıdır.** Hutbelerin Arapça olacağı yolundaki mezhep dayatmaları, İslam dışı birer Arabizm zulmüdür. Ne yazık ki bu zulüm asırlardır bizim insanımıza da reva görülmüştür ve bir ölçüde hâlâ reva görülmektedir.

Peygamberimiz, hem dinsel öğüt anlamında hem de âcil toplumsal konularda aydınlatma anlamında hutbeler okumuştur. Dinsel öğüt anlamında hutbeleri daima Kur'an ayetleri okumak şeklindeydi. Sünnet olan işte budur.

Ama şu bir gerçek ki **hutbe, namazın bir parçası veya bağımsız bir ibadet değildir. Fıkıh kitaplarındaki bu anlamda ifadeler, sonraki zamanlarda hutbeleri birer siyasal beyin yıkamaya dönüştüren yönetimlerce eklenmiştir.** (Geniş bilgi için bk. **"İslam Nasıl Yozlaştırıldı"**, **Cuma** maddesi)

Unutmayalım ki Kur'an, farz kıldığı **Cuma** namazıyla ilgili herhangi bir hutbe şartı getirmemiştir. Kur'an'da, **bayram namazı** hiç yer almaz.

PEYGAMBERLER VE PEYGAMBERİMİZ

58. Allah'a ilk inanan Hz. Peygamber olduğu için mi Allah tarafından çok sevilmiştir?

Her peygamber kendi ümmetinin ilk inananıdır. Her peygamber kendi ümmetinin ilk müminidir. Kur'an'ın söylediği budur.

59. Nebî ve resul kavramlarının tanımını yapar mısınız?

Kur'an dilinde bu iki sözcük de Yaratıcı'dan haber getiren **elçi** demektir. Tamamen lügat zemininde konuşursak, nebî, "**nebe**'" kökünden, "**haber getiren**" anlamındadır. Türkçe 'de kullandığımız **peygamber** sözcüğü, Farsça'da haber anlamındaki "**peyam**" ile götüren anlamındaki "**ber**" sözcüklerinden oluşan birleşik bir kelimedir ve nebinin tam karşılığıdır.

Resul ise elçilik anlamındaki **risâlet**le aynı kökten ve elçi anlamındadır. Kur'an, Allah ile insan arasında **vahiy elçisi**

anlamında bu iki sözcük arasında hiçbir fark görmez. İkisi de, Allah'tan vahiy alan ve bunu bir din kurumu halinde şekillendirerek insanlık tarihine ve insana emanet eden kozmik-evrensel görevli demektir.

Ve bu anlamda **peygamberlik Hz. Muhammed'le bitmiştir: "Muhammed sizin adamlarınızdan herhangi birinin babası değildir; o, Allah'ın resulü ve nebilerin sonuncusudur.**" (bk.Ahzâb, 40) Bu saptamayı yapan ayette, nebi kelimesinin çoğul şekillerinden biri olan "**nebiyyîn**" kullanılmıştır.

Genelde dinler tarihinde, özel olarak da İslam tarihinde, peygamberlerin yetkilerini bir biçimde kullanmak ve kitleleri bu yolla önlerinde eğmek isteyenler, bu ayetteki nebi sözcüğünü dillerine dolayarak, "**Nebilik bitmiştir ama, resullük bitmemiştir; falanca veya filanca da nebi değil ama resuldür**" gibi hezeyanlarla örtülü bir biçimde peygamberlik ilan edebilmişlerdir.

Eğer bununla kastedilen, Allah'ın dinini insanlara ulaştırıp anlatmada aracılık ise bunun adı teknik-terminolojik anlamda risalet değil, **tebliğ** veya sıradan elçiliktir. Bu işi yapanlara "**Allah'ın resulü**" denmez, "**Peygamber'in resulü**" denir. İşte bitmeyen **risâlet**, Hz. Peygamber'e resul olmak anlamındaki elçiliktir. Bu anlamda tüm müminler resuldür.

Peygamberin nebisi olmaz, çünkü **nebe**' yani haber gelmiş, tamamlanmıştır. Kaynağı da Kur'an'dır. Ama peygamberin resulü olur, elçilik sürekli ve devamlıdır. Ne var ki **elçiliğin Allah-kul arası görev şeklinde yürüyeni bitirilmiştir.** İnsanla-insan arası olanı ise hiç bitmez. Bu anlamda Kur'-an sadece insana değil, tabiat kuvvetlerine de elçi demektedir. Ama, **"Nebîlik bitti, resullük bitmedi"** diyenlerin maksadı bu değil, yedek peygamberler icat ederek kutsallaşmak ve peygamber yetkileri kullanmaktır.

İslam dünyası, **tarîkatlar** tarafından asırlardır bu oyuna getirilmiş ve perişan edilmiştir. Şunu unutmamalıyız ki, **geleneksel tarîkat anlayışındaki "şeyh" veya "mürşit" denen tip, sadece peygamberlik yetkileriyle donatılmakla kalmamış, hiçbir peygambere layık görülmeyen sıfatlar ve üstünlüklerle de teçhiz edilmiştir. Kerâmet-keşif adı altında bu insanlara isnat edilen söz, meziyet ve davranışlar bu din dışı teçhizin ret edilmez kanıtları olarak ortadadır.**

"Resullük bitmemiştir" sözüyle amaçlanan, Allah'ın insanlara ilhamı ise buna kimsenin itirazı yoktur. O kapı açıktır. Hem de mümin-kâfir ayrımı yapılmaksızın herkese açıktır. Kur'an, ilhamın her mümine değil, **"her nefse"** geldiğini söylemektedir. (bk. Şems, 7-8) O **ilham** iledir ki filozoflar düşünür, yazar, bilginler keşifler yapar, dahiler icatlar sergiler. O **ilham,** Yaratıcı'nın insanlık dünyasına sürekli akıttığı bir ışıktır ki her beyin ve yürek, eğer niyeti ve gayreti yerinde ise ondan nasiplenir.

Bunun için örtülü peygamberlik iddiasına, Kur'an'ın **nübüvvet** (peygamberlik) kavramını örselemeye lüzum yoktur.

Ne yazık ki, peygamberlik hak ve yetkilerini kullanmak gibi habis bir istismar niyeti taşıyanlar bununla yetinmezler. **Peygambere ümmet olmanın onuruyla Allah'a kul olmanın şerefini elde etmek yerine Peygamberliğe, hatta Allahlığa yeltenir, rezil-kepaze olurlar. Dünyaları da âhiretleri de hüsrana mahkûm olur.**

60. Dünyanın sonunda, Hz. İsa'nın dünyaya gelip haçı kıracağı doğru mudur?

Hz. İsa ile ilgili bu sözlerin tümü İslam dışı uydurmalardır.

Hiçbir peygamber geri gelmeyecektir.

Hz. İsa'nın veya her hangi bir peygamberin geri geleceğine inanmak Kur'an dışıdır. Bu yoldaki inançlar İslam'a **Yahudi-Hristiyan** geleneğinden aktarılmıştır. Kur'an ve Hz. Peygamber öğretisinde hiçbirinin yeri yoktur.

Peygamberler eliyle gönderilmesi tanrısal planda takdir edilen her şey gönderilmiş ve son olarak da Kur'an'da toplanıp insanlığa emanet edilmiştir. İnsanlık bu emanetin kıymetini bilip hakkını yerine getirmeyi bırakıp gökten başka birilerinin gelmesini beklemek gibi bir saçmalık ve sapıklığın içine girmiştir. Bu yüzden de başı beladan kurtulmamaktadır.

61. Hz. Nuh'un çocuklarının isimleri nedir?

Kur'an'da, **Hz. Nuh**'un çocuklarına ait hiçbir isim geçmemektedir.

62. Peygamberlerin mucizelerinin kaynağı nedir?

Kur'an'a göre **mucize**, hayatın ve evrenin taşıdığı bilimsel incelikler ve sırlardır.

Hayat tümüyle mucizedir.

Kur'an, tabiat üstü mucize arama devrini kapatıp varlık ve hayatın tamamının mucize olduğunu göstermiş ve insanı tüm evreni incelemeye, araştırmaya çağırmıştır.

O halde, peygamberlerin mucizelerinin kaynağı Allah'ın varlık ve oluşa egemen kıldığı kanunlar, güzellikler, yetkinliklerdir.

63. Hz. Peygamber'i nasıl tanıyacağız?

Bu sorunun en muhteşem ve kalıcı cevabını, Hz. Peygamber'in bilgin eşi **Hz. Âişe** vermiştir. Kendisine bu soru sorulduğunda şu ölümsüz ve ölçü cevabı verdi: "**Peygamberinizi tanımak istiyorsanız gidin, Kur'an'ı okuyun. Çünkü onun hayatı ve ahlakı Kur'an'dı.**"

Hz. Peygamber'i tanımanın tartışmasız, uydurmasız, yalansız, putlaştırmasız, saptırmasız yolu da Kur'an'ı okumaktır. Kur'an'ı çok iyi okuyarak Hz. Peygamber'i tanıyabilirsiniz.

64. Hz. Peygamber insanlar üzerine vekil midir?

Vekîl, Allah'ın sıfatlarından biridir.(Örnek olarak bk. Âli İmran, 173; En'am, 102; Hûd, 12) Kur'an bu sıfatı peygamberler için kullanmaz, kullanımını yasaklar. Bizim Peygamberimizin de insanlar üzerine vekil olmadığı Kur'an'ın açık beyanları arasındadır. Hz. Peygamber'e şöyle deniyor: "**Deki onlara: 'Ben sizin üzerinize bir vekil değilim.**" (En'am, 66) Şöyle de deniyor: "**Sen onlar üzerine vekil değilsin!**" (En'am, 107. Ayrıca bk. Yûnus, 108; Zümer, 41)

İşin esası şudur: **Peygamberleri insanlar üzerine vekil kabul etmek, tevhit inancını zedeler.** Çünkü vekil olan bir peygamber, **Hz. İsa**'ya yüklenen "**kurtarıcı**" niteliğine büründürülmüş demektir. Yani o, insanlar kurtulsun diye kendini kurban eden bir varlık olacaktır. Hristiyanlık'taki "**redemption**" inancı budur. Ve bu inanç Kur'an'a göre, tevhit dışı bir inançtır. Kur'an, insanın eğitilmesi-aydınla-tılması bahsinde "**redemption**" (kurtuluş) kavramına karşı olduğu için her hangi bir insan için "**redemptive**" (kurtarıcı) nitelemesi yapmaz. Hiçbir bilgine, hiçbir aydınlatıcıya, hiçbir düşünür veya din adamına, daha doğrusu hiçbir insana, **ebedî hayatı kurtaran anlamında "kurtarıcı" sıfatı verilemez. Tevhit inancına göre, o sıfat yalnız Allah'ındır.**

Hz. Peygamber, tüm diğer peygamberler gibi, bir ışık tutucudur. Hiç kimseyi zorlayarak veya Allah katında iltimas ederek kurtaramaz. O, ışığı gösterir. Yolu yürümek bize düşer. Yürüyen kurtulur, yürümeyen ya tamamen batar, yahut da gecikmesinin cezasını çeker.

Allah dışındaki güçleri ve/veya kişileri vekil etmek (**tevkil**), şirkin belirgin niteliklerinden biridir. **Daha doğrusu, şirk, bir tevkil (birilerini vekil etme) kurumudur, tevkilin dinleşmesidir.**

Tevkil dinleştirilince, vekil edilen kim olursa olsun, insan perişan olur, döktüğü terlerin karşılığını bulamaz. Çünkü **şirk,** faaliyet ve üretimlerin sonuç vermemesine yol açar. Tevhidin omurga noktalarını veren Zümer Suresi'nde bu gerçek şöyle ifadeye konmuştur: **"Yemin olsun, sana da senden öncekilere de şu vahyolunmuştur: 'Eğer şirke bulaşırsan amelin kesinlikle boşa çıkar ve mutlaka hüsrana düşenlerden olursun!"** (Zümer, 65)

Tevkil şirke, şirk de hüsrana götürdüğüne göre tevkile bel bağlayanlar hüsranı boylar; ürettikleri tüm değerler işe yaramaz hale gelir.

İslam dünyası, tevkil illetinden kurtulamadığı içindir ki, elinden Kur'an düşmediği halde, bir türlü belini doğrultamıyor.

Allah dışındaki varlıkların vekil edinilmesinin Kur'an açısından ne anlama geldiğini biz, "**Kur'an'ın Temel Buyrukları**" adlı kitabımızın "**Yalnız Allah'ı Vekil edin!**" buyruğunu açıklarken şöyle vermişiz:

"Kur'an, bu buyrukla insan hayatından, özellikle din hayatından yedek ilahların kovulmasını amaçlamaktadır. Allah dışındaki varlıkları vekil etmeme esprisi, Fâtiha Suresi'ndeki: '**Yalnız sana ibadet eder, yalnız senden yardım ve destek dileriz!**' sözünde Kur'ansal amacı açısından özetlenmiştir..."

"Günlük hayatımıza **tevekkül** sözcüğüyle giren Allah'ı vekil etmenin Kur'ansal anlamı ve çerçevesi işte budur. Başarının esası olan gayret ve faaliyeti terk ederek işi Allah'a havale etmek veya Allah'ın yanında başka vekillerdayanaklar edinmek tevekkül kavramını Kur'ansal çerçevesinden çıkarıp şirke uyarlamak olur. İslam dünyasının yüzyıllardır süren perişanlığının arkasında, ne yazık ki bu talihsiz uyarlama vardır...."(**Kur'an'ın Temel Buyrukları,** 16-17)

65. Peygamberler arasında farklılıklar var: Kimi mülk ve saltanat isteyebiliyor, kimi (Hz. Mûsa örneğinde olduğu gibi) adam öldürebiliyor. Peygamberimiz ise hiçbir şeyin aşırısına gitmemiş. Açıklaması nedir?

Peygamberler de hata edebilir, günah işleyebilirler. Ancak Allah onları vahiy ile uyararak sürçmelerini düzeltir. Bizim Peygamberimiz **itidal** (orta yol) veya **sıratı müstakîm** denen denge ve kemal yolunu temsil ediyor. Son Peygamber oluşu böyle gerektirmektedir.

66. Hz. İsa'nın doğumundan sonraki dönemler hakkında bilgi sahibi miyiz? Kendisi için kurulan mahkemede, "Ben Allah'ın oğluyum" demiş midir?

Hz. İsa ile ilgili bu söylentiler gerçek dışıdır; **hurafe**dir. Hz. İsa'nın gerçek hayatını Kur'an'daki verilerden çıkarmak en doğru yoldur.

Hiçbir peygamber, "**Ben Allah'ın oğluyum**" demez, diyemez. Peygamberlik, Allah'ın oğlu olabileceği yolundaki anlayışları yıkmak için varken, bir peygamber nasıl olur da "**Ben Allah'ın oğluyum**" der! Kur'an, bu nokta üzerinde durmakta ve **Hz. İsa** ile Cenabı Hakk'ı şöyle konuşturmaktadır:

"Allah dedi ki, 'Ey Meryem'in oğlu İsa! Allah'ın yanında beni ve annemi de iki Tanrı olarak kabul edin diye

insanlara sen mi söyledin?' İsa dedi: 'Hâşâ! Tespih ederim seni! Hakkım olmayan bir şeyi söylemek benim haddime değildir. Eğer onu söylemişsem sen onu elbette bilirsin. Sen benim içimde olanı bilirsin ama ben senin zatında olanı bilmem. Çünkü sen, evet sen, gaybları çok iyi bilensin. Onlara senin bana emrettiğin şu sözden başka bir şey söylemedim: ' Benim Rabbim ve sizin de Rabbiniz olan Allah'a kulluk edin!' İçlerinde olduğum sürece üzerlerine ben tanıktım. Sen beni vefat ettirince üzerlerine yalnız sen gözetleyici oldun. Ve sen zaten her şey üzerinde bir tanıksın." (Mâide, 116-117)

Bir Kur'an güzelliği olarak şuna da dikkat çekelim: **Hz. İsa'dan söz eden hemen tüm ayetler, bu muazzez peygamberi sürekli olarak "Meryem'in oğlu İsa, Meryem'in oğlu Mesih" diye anıyor. Bu ifade, İsa Mesih'i Allah'ın oğlu diye ananlara çok anlamlı bir cevap taşımaktadır.**

67. Hz. Âdem ile Hz. İsa'nın yaratılışı aynı mıdır?

Kur'an, Âli İmran Suresi 59.ayet **Hz. Âdem** ile **Hz. İsa**'nın yaratılışlarının aynı olduğuna dikkat çekmektedir: **"Şu bir gerçek ki, Allah katında, İsa'nın durumu Âdem'in durumu gibidir. Onu topraktan yarattı, sonra ona "Ol!" dedi. Artık o, olur."**

Hz. Âdem'le Hz. İsa'nın yaratılıştaki benzerliklerinin ortak noktası, ikisinin de babasız oluşudur.

68. Hz. Peygamber'e en iyi biçimde saygımızı dile getirmek için nasıl davranmalıyız?

Peygamberimize en iyi saygı, onun bıraktığı Kur'an'ın dinini yaşamak ve o dine hizmet etmekle olur.

69. Hz. Peygamber'in göğsünün açılması kaç kez olmuştur?

Göğsün açılmasının maddî bir olay olup olmadığını bilmiyoruz. Ruhsal bir olay olarak da sayısını bilmiyoruz.

70. Peygamberimizin evlilikleri ve evlenme sebepleri hakkında bilgi verir misiniz?

Esas sebep **cinsiyet** değil, tebliğ hizmetlerinde kolaylık, yardım ve etki sağlamaktır. Geniş bilgi için "**Asrısaadetin Büyük Kadınları**" kitabımıza bakılabilir.

71. Hz. Peygamber'in "taşlanması" olayı nedir?

Tüm hadis ve siyer (Hz. Muhammed'in hayatını anlatan kitaplar) kaynaklarında kaydedilen taşlama olayı Hz. Peygamber'in **Taif**'teki aydınlatma ve İslam'a çağırma yolculuğu sırasındadır. Muazzez Peygamberimiz, insanlar arasında hiçbir ayrım yapmadan tebliğde bulunduğu için, Arap Yarımadası'nın en azılı müşriklerinin oturduğu **Taif**'e de gitmiş, oradaki halkı da İslam'a çağırmıştır. Onlarsa bu nimetin kıymetini bilmek şöyle dursun, onu ayaklarına getiren yüce insanı taş yağmuruna tutmuş, kanlar içinde bırakmışlardır. Peygamber Efendimiz'e, kendisini taşlayanlara beddua etmesi söylendiğinde o şöyle demiştir: "**Bu insanlar cehaletleri yüzünden böyle yapıyorlar. Ama onların çocukları içinden iyi insanlar yetişecektir. Onun için onlara beddua etmeyeceğim.**"

Ve ellerini açarak şöyle yakarmıştır: "**Allahım! Şu toplumumu doğruya ve güzele kılavuzla. Çünkü onlar ne yaptıklarını bilmiyorlar.**"

Cenabı Peygamber'in bu yakarışında erişilmez üç büyüklük iç içedir: **1.Tüm kötülüklerin temelinde bilgisizliğin yer aldığının gösterilmesi, 2. İyilik-güzellik ve doğruluğun temsilcisi olan büyük ruhların, kendilerine bir eziyet yapıldığında hemen öfkelenerek lanet ve kahır yağdırmaktan uzak bulunmaları gerektiği, 3. Hz. Muhammed'in, kendisine kötülük edenler de dahil, tüm insanlığı kucaklayan sonsuz ve engin bir benlik olduğu.** Bunun içindir ki, kendisini taş yağmuruna tutanlardan bile "**benim toplumum**" diye söz etmiştir.

Allah'ın salât ve selamı ona ve onun temiz Ehlibeyt'ine olsun!

KADINLARLA İLGİLİ MESELELER

72. "Kadınlar sizin tarlalarınızdır, onları dilediğiniz şekilde sürebilirsiniz."(Bakara, 223) ayeti niçin erkeklere hitaben söylenmiştir?

Kur'an'ın ifadesi "Onları dilediğiniz şekilde sürebilirsiniz" değil, "**Onlara dilediğiniz şekilde gidebilirsiniz**" dir.

Hitap, tohum durumunda olan erkeğedir. Bundan iki anlam çıkar: 1. Cinsel ilişkinin esas amacı üremedir. 2. Erkek, eşiyle cinsel ilişkisini, üreme organı dışına çıkmamak şartıyla istediği şekilde kurar. Yani arkadan bir ilişki söz konusu olmamak şartıyla sevişmeyi gönlünün istediği şekilde yapabilir.

73. Kur'an'da kadınları dövme hak ve yetkisinden söz edilir mi? Erkek eş karısını dövebilir mi? Nisa Suresi 34. ayetin böyle bir yetki verdiği iddiası doğru mudur?

Anılan ayette geçen ve "Dövün" anlamında dondurulan "**fadribû**" sözcüğü otuza yakın anlamı bulunan bir sözcüktür. Kur'an bu anlamların birkaçını kullanmıştır.

Nisa Suresi 34.ayetteki ifade "Dövün" anlamında değildir.

Yıllar süren araştırmalarımız, dövmek anlamının bu ayette söz konusu olamayacağını ortaya çıkarmıştır. (Geniş bilgi için "**İslam Nasıl Yozlaştırıldı**" kitabımızın **Kadın** maddesine bakılabilir)

Kadınların (veya erkeklerin) dövülmesi, Nur Suresi'nin ilk ayetlerinde, **zina** edenler için öngörülmüştür. Bu dövmeyi de ancak kamu otoritesi, yani devlet uygular. Kişilerin hiçbir şekilde dövme cezası uygulamaları söz konusu edilemez.

74. Kadınların mahrem yerlerini açmalarının ve para kazanmak için kendilerini sergilemelerinin hükmü nedir?

Kadınların mahrem yerlerini açarak çalışmaları, bunu meslek haline getirmeleri, sadece İslam'ın değil, hiçbir dinin uygun görmeyeceği bir davranıştır. İslam açısından haramdır.

75. İslam dininde kadınların başının açık olması günah

mıdır?

Abdest organları örtünmeye tâbi değildir. Yani saçların açık tutulması haram değildir. (Ayrıntılar için bk. "**İslam Nasıl Yozlaştırıldı**", **Kadın** maddesi)

KUR'AN VE KUR'AN OKUMAK

76. Kur'an'ın bazı ayetleri o günkü olaylar yüzünden inmişti (kör adam, ifk: Hz. Âişe'ye iftira olayı gibi). Anılan olaylar farklı yaşansaydı Kur'an'ın içeriği değişir miydi?

Allah olaylara uymaz; olayları, göndereceği mesaja uyarlar. Yani olaylar, gönderilecek mesaja sebep olacak biçimde seçilmiştir. Ancak şu ilke tartışmasızdır:

Ayetlerin inişinin özel olaylarla bağlantılı oluşu, ayetlerin anlamının genelliğine, zamanüstülüğüne engel olmaz. Bu ilke, eski dilde şöyle ifadeye konmuştur: "**Sebebin hususiyeti nassın umûmiyetine mâni değildir.**"

77. Alevîler içinde Kur'an'ın değiştiğini ve asıl Kur'an'ın kendilerinde olduğunu iddia edenler vardır. Kur'an değişti mi, buna inanan kişinin imanı ne durumdadır?

Kur'an'da hiçbir değişme ve değiştirme olmamıştır. Bunun aksini söyleyenlerin tövbe etmeleri gerekir. **Alevî-Şiî** çevrelerde Kur'an'la ilgili bazı gerçek dışı iddialar ne yazık ki zaman zaman ortaya atılmıştır. Ancak o çevrelerin büyük çoğunluğu da Kur'an'da hiçbir değişme ve değiştirmenin olmadığına inanmaktadır.

78. "Bu Kur'an, uydurulacak bir hadis/bir söz değildir." (Yûsuf, 111) ayeti neyi açıklar?

Bu ayette Kur'an, mucize bir biçimde, kendisinin bir uydurma hadis olmadığına, uydurma hadislerin onun getirdiği tevhit dininin başına dert açacağına dikkat çekmekte, mensuplarını uydurma hadislere karşı uyarmaktadır.

79. Kur'an'ın niçin tek bir çevirisi yoktur?

Tüm insanlığa, tüm zamanlara ve mekânlara hitap eden bir mesaj kitabın tek bir üslupla tek bir çevirisinin, tek bir yorumunun olması insan, hayat ve din gerçeğine aykırı olur. Böyle bir şeyin, bilimsel gerçeklere ve Kur'an'ın tüm zamanlara cevap vereceği kabulüne de ters düşeceği açıktır.

Çeviri de bilimsel açıdan bir tür yorumdur. Dilbilim gerçeklerine uygun bir yorumdur.

Yorumlar onlarca, yüzlerce olabilir. Önemli olan, Kur'an'ın kendisidir. **Hiçbir yorum Kur'an'la eşitlenemez. Ve hiçbir yorum, kişiyi din dışı yapmaz.** Yeter ki, yorumu yapan, Kur'an'ın tamamını veya bir kısmını inkâr etmesin ve kendi yorumunu Kur'an'la eşitlemesin.

80. Kur'an'ın asıl metninin Halife Osman'ın yardımcısı Mervan tarafından yok edildiği doğru mudur?

Kur'an ile ilgili bu iddia doğru değildir. Kur'an hakkında böyle şeylere inanan dinden çıkar.

81. Bir matematiksel kod sistemi olan 19 mucizesine göre, Kur'an'da 2 ayet ve 1 harf fazla mıdır?

Kur'an'da ekleme ayet yoktur. Orada bir hesap hatası yapılmaktadır. Ama 19 sistemi Kur'ansaldır.

82. Bu 19 kod sistemi ne kadar önemlidir?

Bu insan üstü kodlama sistemi Kur'an'ın tecellilerinden ve güzelliklerinden sadece biridir. Yani, o olmasa da Kur'an, büyüklüğünden hiçbir şey kaybetmez.

Kur'an'ın en büyük mucizesi onun içeriğidir.

83. Kur'an'ın güvenilirliği konusunda hangi ölçütlere dayanıyorsunuz; Kur'an'ın tahrif edilmediğine dair evrensel bir kanıt gerekmez mi?

Benim temel ölçütüm, Kur'an'ın muhtevasıdır. Bunu tarihsel veriler izler. 19 mucizesi de yan bir ölçüt olarak anlamlıdır.

Zaman içinde daha başka ölçütlerin ortaya çıkacağına da inanmaktayım.

84. Kur'an ayetlerinin iniş sebepleri ile ilgili bilgi verir misiniz?

Kur'an sistematik, kronolojik bir kitap değildir. Cenabı Hak onun ayetlerini, vermek istediği ilkeleri çoğu zaman birer olay münasebetiyle indirmiş, böylece vahyin buyrukları insanın hayatına ve hafızasına iyice yerleştirilmiştir. Ne var ki ayetlerin iniş sebepleri **(esbâb-ı nüzûl)** olarak gösterilen olayların büyük bir kısmının tarihsel güvenilirliği yoktur. Aynı ayetle ilgili bazen birkaç iniş sebebi gösterilir.

Bizim için sevindirici olan, iniş sebeplerinin ayetin anlamını bağlayıcı olmadığının ilkeleştirilmiş bulunmasıdır. Bu önemli ilke şöyledir:

"Sebebin hususiyeti nassın umûmiyetine mâni değil-

dir."

Yani, bir ayetin özel bir sebeple inmiş olması, o ayetin anlamını o olayla kayıtlamaz; anlam zaman üstü ve geneldir. Bu demektir ki biz bir ayetin iniş sebebini hiç bilmesek de-ki birçoğunun gerçek sebebi bilinmiyor-bizim herhangi bir kaybımız olmaz.

Kur'an vahyi, zaman üstüdür. Kur'an'ı eline alan her insan, okuduğu ayet o anda kendisine indirilmiş gibi ondan yararlanır, onu yorumlar ve anlamaya çalışır.

İniş sebebini bilmek bize yorumlama ve anlamada rahatlık sağlarsa da bizi bağlamaz. Çünkü Kur'an, "**Öğüt ve ibret alınsın diye kolaylaştırılmış bir kitaptır; ama okuyan mı var!**" (bk. Kamer, 17, 22, 32, 40) Onun tüm muhatapları, bu demektir ki tüm insanlık, onu okuyup anlayabilir. Elbette ki bilgisi ve gayreti oranında...

Kur'an'ın bizden istediği, tanrısal beyyineler olan ayetleri bütün sebeplerden bağımsız olarak zaman ve mekân üstü algılamaktır. İniş sebebi olarak gösterilen olaylar kendi aralarında çelişiktir. Bir kısmı da sonradan uydurulmuştur.

85. Abdestsiz Kur'an okumak günah mıdır?

Böyle bir günah yoktur. "**Kur'an abdestsiz okunmaz**" demek büyük bir hatadır. Çünkü Kur'an'ın okunmasını, merasime bağlayarak zorlaştırıyor.

Kur'an okumak için abdest almak diye bir şart yoktur. Bunlar, sonraki zamanlarda **Yahudi** geleneğinden İslam'a aktarılmış **yapay kutsallar** ve yasaklardır.

Esas günah, Kur'an okumayı merasime bağlayarak insanları Kur'an'dan uzaklaştırmaktır. (Bu konuda ayrıntılı bilgi için bk. **"İslam Nasıl Yozlaştırıldı"**, **Kur'an** maddesi)

86. Kur'an, kendisi gibi bir kitabın yazılamayacağını söylüyor. Biz bunu nereden anlıyoruz?

Bunun böyle olduğunu bize gösteren temel kanıtlar üç tanedir: 1. Kur'an'ın içeriği, 2. Kur'an'ın bir benzerinin tarih boyunca vücuda getirilememesi, 3. Kur'an'daki kod sistemlerinin ortaya koyduğu mucize tutarlılık...

87. Vâkıa Suresi 79. ayetteki "Ona ancak temizlenenler dokunabilir" ifadesiyle kastedilen nedir?

Bu ayet, melekler âleminde Kur'an'ın taşınmasından söz etmektedir, insanlarla bir ilgisi yoktur. Ayet bir emir değil, bir haber içermektedir. Yani ayetin herhangi bir emir veya yasakla ilgili olduğunu söylemek temelden yanlıştır.

88. Edip Yüksel'in Kur'an'ın 19 mucizesi hakkında yazdıkları konusunda düşünceleriniz nelerdir?

Edip Yüksel'le uyuşmadığımız konular vardır. **19 Mucizesi** olarak anılan gerçek ise Hz. Peygember devrinden beri söz konusu edilen bir Kur'an gerçeğidir.

89. Surelerin başındaki Elif, Lâm, Mîm, Ta, Sîn, Hâ gibi ifadelerin birer ayet olduğu Şuara Suresi'nde veriliyor. Biz bu ayetleri niye anlayamıyoruz?

Anılan harfler birer ayettir ve örneğin, Kur'an'daki 19 mucizesinin kod sistemi içinde anlam ifade ederler. Şunu unutmayalım:

Kur'an'da insan idrakine tamamen kapalı hiçbir beyan yoktur.

Ancak zamanını beklemek gerekir. İnsanın bilebileceği her şeyi herkesin bugün bilmesi beklenemez. Kur'an bu gerçeğe parmak basarken şöyle diyor: "**Her haberin gerçekleşeceği bir zaman/mekân vardır. Yakında bileceksiniz.**" (En'am, 67)

90. Kur'an'da bazen Allah yerine neden "O" anlamındaki erkek zamir (huve) kullanılmaktadır?

Arapça'da Allah için erkek zamir kullanılması bir **dil özelliği**dir. Çünkü "**Allah**" sözcüğü dil bakımından erkek bir kelimedir. Bunun cinsiyetle bir ilgisi yoktur. Kur'an, Allah-

'ın cinsiyetten ve üremeden arınmış olduğunu bildirmektedir.

91. Kur'an'da birbirini nesheden ayetler var mıdır?

Kur'an'da, ayetlerin birbirlerini hükümden düşürmesi anlamında nesih diye bir şey yoktur. **Nesih** kavramına o anlam sonradan yüklenmiştir. Peygamberimiz devrinde böyle bir anlayış yoktur.

Kur'an'da birbiriyle çelişen ayetler yoktur ki bir ayetin hükümden düşmesi veya düşürülmesi söz konusu olsun.

Kur'an'daki **nesih**, varlık ve oluşta sürüp giden yaratış ve genişleme olgusunun anlatımını amaçlayan bir sözcüktür. (bk. Bakara Suresi 106 ve bu ayetin açıklaması için "**Kur'an'daki İslam**", **Bakara** Suresi bölümü)

92. Kur'an ayetlerini koruyacağını söyleyen Tanrı niçin İncil'i, Tevrat'ı ve Zebûr'u korumamıştır?

Tanrısal metinleri koruma görevi, o metinler kendisine emanet edilen insanındır. İnsanlık bu görevini savsaklamıştır.

Kur'an'ın tahriflere karşı tanrısal korumaya alınması, bir daha peygamber gelip bir düzeltme yapmayacağı içindir.

93. Sureler neden indiriliş sırasına göre düzenlenmemiştir?

Surelerin düzenlenişi serbest bırakılmıştır. Ayetlerin yerleri ise bizzat vahyi getiren Cebrail tarafından gösterilmekteydi. Ayetlerin yerleri üzerinde hiçbir değiştirme yapılamaz ama sureler değişik sıralamalara tâbi tutulabilir.

Durum böyle olduğu için, surelerin tertibi açısından çeşitli düzenlemeler yapılmıştır. Elimizdeki düzenleme, iniş sırasına göre olmamakla birlikte, gelenek tarafından öne çıkarılmış ve resmî bir nitelik kazanmıştır.

İniş sırasına göre düzenleme için, bizim "**İniş Sıralı Kur'an Meali**"mize bakabilirsiniz.

94. Kur'an'ı yanlış yorumlarla bozuyorlar. Bunu düzeltmek için bir peygamber mi bekleyelim?

Yorum ne kadar yanlış olursa olsun, Kur'an'ı bozamaz. Sadece yorumun bozuk olmasına yol açar. Önemli olan, Kur'an metninin korunması ve yapılan yorumda bu metnin esas alınmasıdır.

Kur'an konusunda esas kaygı verici olan, yapılan yorumun yanlışlığı değil, hiç yorum yapılmamasıdır. Yanlış düzelir veya düzeltilir ama Kur'an'ın düşünce hayatının dışına itilmesinin açtığı kayıp giderilemez.

Kur'an asırlardır ilk günkü gibi elimizde ve önümüzdedir. **İslam dünyasının problemi, yaptığı yorumların yanlışlığından değil, hiç yorum yapmamasından kaynaklanıyor. Yorum yapmak için Kur'an'ı düşünerek okumak gerekir. İslam dünyası Kur'an'ı ya hiç okumuyor, yahut da düşünerek okumuyor.**

Bize düşen, her gün yeniden Kur'an'a giderek yeni yorumlar üretmek ve yapılmış bulunan yorumları zaman üstü, tartışmasız ilan etmemektir. Bunu yapmak görevi ise, başta aydınlar olmak üzere, tüm Müslümanlarındır. Yeni bir peygamber gelmeyecektir. Aydınlar, aydınlatma ve uyarı görevlerini hakkıyla yapmalıdırlar.

95. Bir yazınızda, Kur'an'ın istediği insanın hiçbir coğrafyada bilinmediğini söylediniz. Açıklar mısınız?

Peygamberimiz ve çevresindeki seçkin bazı arkadaşları dışında, Kur'an'ın insanı toplum olarak hiçbir devirde vücut bulmadı. Mümkündür ki, ileri ki zamanlarda dünyanın bir yerinde böyle bir toplum oluşur.

96. Kur'an hükümlerinin tarihselliği olabilir mi? Tartışmasız "sâbitler" nelerdir?

"**Hükümler**" yerine "**beyanlar**" (haberler ve mevcut durumu değerlendiren sözler) demek daha isabetli olur. Çünkü "**hüküm**" deyimini kullandığımızda iş biter ve Kur'an'ın verdiği hüküm zaman üstü olduğundan, tarihsellik söz konusu edilemez.

Beyanlara gelince: Çok az olmakla birlikte **Kur'an beyanlarında tarihsel olanlar vardır.** Ancak hükümlerde tarihsellik olmaz.

Hüküm, zaman-mekân üstü buyruk demektir. İşte sâbitler veya sâbiteler (değişmezler) bunlardır. Kur'an'dan alınan bir ifadeyle, bu sâbitlere "**muhkemât**" (hüküm bakımından değişmezler, tahkîm edilmiş buyruklar) denir.

97. Kur'an okumak sadece sevap mıdır, yoksa sevap olmanın yanında bağımsız bir ibadet midir?

Kur'an okumak, hem en büyük sevaptır hem de en büyük ibadettir. Kur'an okumak, namazdan daha önce emredilmiş (Bu konuda geniş bilgi için bk. **Kur'an'ın Temel Buyrukları,**18-19) ve namazdan daha büyük olduğu belirtilmiş bir ibadettir. Ankebût Suresi 45.ayet "**Allah'ın zikri namazdan daha büyüktür.**" diyor.

Zikir, Kur'an'ın adlarından biri olduğuna göre, Kur'an'ı okumak namazdan daha büyük bir ibadettir.

Kur'an dışı hurafe dinciliğinin bazı bezirgânları, Ankebût Suresi 45'teki zikirden maksadın Allah'ı anmak olduğunu, bunun en ideal yolunun da namaz kılmak olduğunu, böyle olunca da "**Kur'an okumak namazdan daha büyük bir ibadettir**" demenin yanlış olacağını söylemekte ve bizim, Ankebût 45.ayeti saptırdığımızı iddia etmektedirler.

Bu iddiaları onların Kur'an'dan ne kadar habersiz olduklarının en yaman belgelerinden biridir. Şöyle ki:

1) Ankebût Suresi 45.ayeti "**Allah'ı zikretmek büyük bir iştir**" diye anlamlandırarak açık bir yanlış (veya tahrif) sergiliyorlar. Ayetteki ifadenin karşılığı bu değildir. Ayetteki ifadede "**ekber**" ism-i tafdîl kipi kullanılmıştır. Bu kip, karşılaştırma yapmak için kullanılır. Ve ayet, bu karşılaştırmayı, namazla "**Allah'ın zikri**" arasında yapmıştır. Namazın yeri ve değeri anlatıldıktan sonra şöyle deniyor: "**Ve le zikrullahi ekber: Yemin olsun, Allah'ın zikri daha büyük, daha önemlidir.**"

Karşılaştırma namazla yapıldığına göre, bunun bir tek anlamı vardır: **Allah'ın zikri, namazdan daha önemli, daha büyüktür.**

2) Allah'ın zikrini "**Allah'ı anmak**" diye çevirmek yanlış değilse de yarımdır. Çünkü Kur'an, hem de defalarca, kendisinin adlarından birinin de "**Zikir**" olduğunu söylemiştir. O halde, "**Allah'ın zikri**" tamlamasının Kur'an dilindeki esas anlamı Kur'an'dır. Ve o halde, bu ifadenin geçtiği yerlerde çevirinin şu şekilde yapılması bir tercih değil, bir zorunluluktur: "**Allah'ın Kur'an'ı**" veya "**Kur'an/ Allah'ı**

anmak."

Çeviride "**Allah'ı anmak**" deyimi olmasa bir eksiklik doğmaz, çünkü Kur'an okumak zaten Allah'ı en ideal anlamda anmaktır. Ama çeviride Allah'ın **zikrinin Kur'an olduğunu belirtmemek bir eksiklik ve yanlıştır. Çünkü:**

Her zikir Kur'an değildir, ama her Kur'an okuyuş zikirdir.

3) Ankebût 45'teki ifadeyi sadece zikir olarak anlamlandırsak ve hurafeci cühelanın söylediği gibi, "**Namaz da zikir olduğuna göre, Kur'an okumak neden namazdan üstün bir ibadet olsun**" desek bile Kur'an okumanın namazdan üstün bir ibadet olduğu yolundaki Kur'ansal tezimiz değişmez. Burada bize, hurafe tüccarlarının hiç farkında olmadıkları bir başka Kur'an beyyinesi kanıt vermektedir. **Enbiya Suresi 10.ayet.**

Bu ayet şöyle diyor: "**Yemin olsun, size öyle bir kitap indirdik ki sizin zikriniz onun içindedir.**"

O halde, Ankebût 45'teki "**zikrullah**" ifadesinden Kur'an değil de Allah'ı herhangi bir biçimde zikretmek anlaşılsa dahi Kur'an okumanın namazdan üstün bir ibadet olduğu gerçeği değişmez. Çünkü bizzat Kur'an, o, "**herhangi bir zikrin**" en idealinin de Kur'an'ın içinde olduğunu söylüyor.

Hurafe cühelasının mantığıyla gitsek de sonuç Kur'an'ın

dediğidir.

Kur'an, şu önermeyi oluşturmamızı zorunlu kılmaktadır: **a)Allah'ı zikretmek namazdan daha büyüktür (Ankebût, 45), b) Zikrin en ideali Kur'an'ın içindedir (Enbiya, 10), c) O halde, Kur'an okumak her hal ve şartta en büyük ibadettir.**

Bizim söylediğimiz de işte budur.

Daha genel çerçevede konuşursak şunu da söyleriz: **İbadetlerin tümü, Kur'an'da tecelli eden tanrısal sırları fark etmeye yönelik birer gayrettir. Böyle olunca da tanrısal sırların kaynağı ve öğreticisi olan Kur'an'ı düşünerek okumanın en büyük ibadet olmasından daha doğal ne olabilir!**

Zaten, düşünmenin en büyük ibadet olduğunda kimsenin kuşkusu yoktur.

Kur'an okumak İslam'ın hem ilk hem de en büyük ibadetidir.

Bu ibadetin yerine gelmiş olması için Kur'an'ı **tedebbür** etmek yani ne dediğini anlayarak okumak gerekir. Bu anlamda Kur'an okumak okuyanın, bildiği dildeki tercümeden okumasını zorunlu kılar. Anlamını bilmeden okumak, Kur'an'ın istediği **tedebbürü** gerçekleştiremeyeceği için Kur'an'ın istediği okuyuş olmaz.

Kur'an, tedebbür istemektedir, telaffuz (kelimelerin seslerinin çıkarılması) değil.

Tam bu noktada şunun da altını çizelim: **Müzzemmil Suresi 1-4 ile İsra Suresi 79.ayetin** gösterdiği şekilde **gece kalkıp Kur'an okumak** veya Kur'an'la ilgili bilgilerle meşgul olmak son derece güzel, son derece erdirici ve Kur' an'ın çok önemsediği bir davranıştır. Birçok büyük ruh ve sonsuzluk adamı erişlerini bu yolla elde etmişlerdir.

98. Bazı ayetlerde geçen "O" (Huve, Hu) zamiri ile "Allah" kavramı farklı mıdır?

Allah'ı işaret eden "O" zamiri ile kastedilen, Allah'tır. Elbete ki, "O" zamiri de dahil, hiçbir şey Allah'ın zatı ile eşitlenemez.

99. Kur'an'a göre kıyafet var mıdır?

Kur'an'a göre kıyafet yoktur ama Kur'an'ın giyim-kuşamla ilgili buyrukları vardır. Uyulması gereken ölçüler vardır.

Kıyafet kültüreldir. Ölçüler dinsel olabilir.

100. Kur'an sadece erkeklere mi hitap ediyor?

Arap dilinde genel kurallar gramatik açıdan erkek kelimelerle verilir. Bu, Arapça'nın dil olarak bir özelliğidir. **Kelimenin gramer yönünden dişil olması hitabın erkeğe özgülenmesi için gerekçe yapılamaz.** Özellikle kadına hitap eden mesajlar var ise bunlar ayrıca gerekli sözcükler kullanılmak sûretiyle ifade edilmiştir.

Bu bir dil özelliğidir; Kur'an'ın erkeklere hitap ettiğinin göstergesi değil...

101. Kur'an'da köle kavramı var mıdır, varsa bunun anlamı nedir?

Kur'an, geldiği toplumda mevcut olan kölelik kavramına yollama yapmış, ancak onun kaldırılmasını istemiştir. Yani **köle** kavramını Kur'an getirmemiştir. Geldiği toplumda zaten var olan bu kavramı, köleliği kaldırmak ve mevcut kölelerin durumlarını düzeltmek için kullanmıştır.

102. Kur'an'da, tanrısal faaliyetleri ifade etmek için sıkça geçen "Ben" ve "Biz" özneleri neyi anlatır? Tanrı bazen kendi eylemlerinden söz ederken neden "Biz" diyor?

Kur'an'da Allah'ın bazen "**Ben**" yerine "**Biz**" kullanmasının hikmeti, kendisinin emrinde olan bilgi ve eylem planlarını, yüce zatıyla birlikte anarak onları onurlandırmaktır.

103. Kur'an'daki halifelik kavramını açıklar mısınız?

Kur'an'da **halife** ve **halef** sözcükleri lügat anlamlarında kullanılmıştır. **Halef** ve **halife**, kendisinden önceki benzerinin yani selefinin yerine geçen demektir.

Kur'an'daki halife ve halef sözcüklerinin siyasal anlamdaki halife ve halifelikle de hiçbir ilgisi yoktur. Böyle bir ilgi, sonraki zamanlarda, siyasetlerine Kur'an'dan destek sağlamak isteyenlerin zorlamalarıyla yapay olarak kurulmuştur.

Kur'an insandan "**Allah'ın halifesi**" diye de söz etmemiştir. İnsan Allah'ın ne halefidir ne de halifesi. Kur'an'da böyle bir ifade yoktur. İnsan, kendisinden önce yaşamış olan bir başka insan neslinin halefidir. Bu gerçek, Bakara Suresi 30. ayette açıkça görülmektedir. Ayrıntılı bilgi, "**İslam Nasıl Yozlaştırıldı**" kitabımızın "**Hilafet ve Halifelik**" bölümünde verilmiştir.

104. Âdem'e "isimlerin öğretilmesi" (Bakara Suresi, 31) ne demektir?

Âdem'e isimlerin öğretilmesinden maksat, insanın varlık yapısına, eşyanın gerçeğini, varlığın bağlı olduğu kanunları öğrenebilme gücünün konmuş olmasıdır. Kur'an çevirileri tarihinde tartışılmaz bir otorite olan Pakistanlı **Abdullah Yusuf Ali** (ölm.1953), "**The Meaning of the Holy Quran**" (Kutsal Kur'an'ın Anlamı) adıyla yaptığı Kur'an çevirisinde, anılan ayetteki "**eşyanın isimleri**" ifadesini "**eşyanın iç yapısı ve nitelikleri**" (the inner nature and qualities of things" diye anlamlandırmıştır.

Başka bir deyişle, bizim varlık dönemimizde ilk insan olan **Âdem**'in soyunun, bilimin saptayacağı kuralları bilme ve bulma gücünü potansiyel olarak taşıdığının gösterilmesi amaçlanmıştır. Bu potansiyelin, insanı diğer varlıkların üstünde bir boyuta çıkardığı da anılan ayette belirlenmiş olmaktadır.

KURBAN

105. Kurbanın şerîattaki ve hakikattaki anlamı nedir?

Kurban, **infak**ın (yoksullara yardım ve paylaşımın) uygulama şekillerinden biri olan bir sünnettir.

Kurbanın hakikati ve şerîati diye bir ayrım yoktur.

106. Kurban kesmenin, Kevser Suresi'ndeki "inhar" (Hayvan kes!) emriyle farz kılındığını söyleyenler var. Bu konuda bilgi verir misiniz?

Kevser Suresi'ndeki emrin bizim töreleştirdiğimiz anlamda kurban kesmekle hiçbir ilgisi yoktur. O emir, Allah'a şükranı ifade etmek üzere, hayvan kesip ziyafet verme anlamındadır. Dinsel ve kutsal bir yanı yoktur. Oradaki "**inhar**" emrini "**Kurban kes!**" şeklinde tercüme etmek tamamen yanlıştır. Ne yazık ki, geleneksel kabule uyarak hemen hepimiz bu yanlışı yıllarca tekrarladık.

Konuyu biraz daha yakından görelim:

Kurban kesmeyi önce vacip, sonra da birtakım zorlamalarla "**en büyük farz**" haline getiren yaklaşımların öncelikle dayandıkları ayet, Kevser Suresi'nin ikinci ayetidir. Bu ayette geçen "**inhar**" emri, onlara göre, tek anlam taşımaktadır: Kurban kes!..

Bu yaklaşım iki bakımdan doğru değildir: 1-"**İnhar**" emrinin **hayvan boğazlamak** anlamı bu sözcüğün anlamlarından sadece biridir ve bu ayetteki söylem dikkate alındığında, öncelik taşımayan bir anlamdır. 2-"**İnhar**" emrinin "**kurban kesmek**" diye bir anlamı yoktur. **Nahr**, İslam öncesi devirlerde de kullanılan bir kelime olup hayvanı keserek öldürmektir; dinsel, kutsal bir yanı yoktur.

Nahr (Arapça'daki boğazdan söylenen Ha ile) isim olarak kullanıldığında göğüs anlamındadır. Aynı kökten türeyen ve "mimli bir mastar" olan "**menhar**" sözcüğü de göğsün süs gerdanlığı takılan yerine denir.

Nahr kelimesinin bu göğüs anlamı onun türevlerinin hemen tümünde omurgayı oluşturmaktadır. Bu noktayı da unutmayarak baktığımızda nahr şu anlamlara gelmektedir: **Göğsünü gererek dimdik durmak, sağ elini sol elinin üstüne koyarak durmak, namazı vakti girer girmez kılmak, kavrayışını bilgi ile derinleştirmek, hayvanı göğsünden hançerleyerek öldürmek.** (bk. Fîrûzâbâdî; el-Kamus el- Muhît (Âsım Efendi çevirisi), nahr maddesi).

Tercüme, meal ve tefsirlerde (özellikle Türkçe yazılanlarda) bu anlamların sadece birisine yer verilmektedir: **Hayvan kesmek**. Ne yazık ki o da kelimenin taşımadığı bir anlamla birleştirilerek "**kurban kesmek**" şekline dönüştürülmekte ve Kur'an'da asla yer almayan bir buyruk Kur'an ayetine mâl edilmekte, Kur'anlaştırılmaktadır.

Oysaki **nahr** kelimesiyle ifade edilen kesmede herhangi bir kutsallık söz konusu değildir.

Anlaşılan odur ki **Kevser Suresi'ndeki "inhar" emrini hayvan kesmek anlamında anlasak bile bunun kutsallıkla, ibadetle bir ilgisi yoktur. Bu olsa olsa, bir sevinç ve övüncü başkalarıyla paylaşmak için yiyip içmek maksadıyla hayvan kesip et hazırlamaktır.**

"İnhar" emrinin ibadet amacıyla hayvan kesmek (kurban kesmek) şeklinde bir anlama çekilmesi filolojik ve dinsel açıdan tam bir zorlamadır.

Şimdi biz bu geleneksel zorlamayı bir kenara bırakarak Kevser Suresi'ndeki emri gerçeğinde olduğu gibi alarak anılan sureyi meallendirelim:

"1-Hiç kuşkusuz biz verdik sana kevseri/iyilik, bereket, mutluluk, güzellik, soy ve aydınlığın tükenmezini. 2-O halde, sen de Rabbin için namaz kıl ve göğsünü gererek dimdik dur/ellerini bağlayıp kıyam et/namazı vakti girer girmez kıl/kavrayışını bilgi ile derinleştir/eti yenecek hayvan kes! 3-Kuşkun olmasın ki ebter/soyu kesik,

seni kötüleyenin ta kendisidir."

Surenin iniş sebebi, tartışmasız bir biçimde şudur: Hz. Peygamber'in erkek çocuğu ölüp sadece kız çocukları kaldığında, kız evladı evlat saymama zalimliğine tutulmuş olan putperest Araplar, Hak Elçisi'ne "**ebter**" yani soyu kesik, nesli tükenmiş damgası vurarak onu küçümsediler, ona hakaret ettiler.

Cenabı Hak, Peygamberini teselli etmek için bu sureyi indirdi. Ona en yüce ve ölümsüz değerleri bol bol (kevser, değer verilen şeylerin bol ve sürekli olanı demektir). verdiğini, bunun için sadece kendisine boyun eğmesi gerektiğini bildirmekte ve Hz. Peygamber'i vakarlı, göğsü dik, Allah'a niyazında sürekli olmaya çağırmakta, şükranının bir ifadesi olarak da eti yenecek hayvan keserek yoksula, akrabaya, eşe-dosta zıyafet vermesini istemektedir.

Olay budur, **Kevser Suresi**'nin ruhu ve amacı da budur. Bunun hayvan kesmeyi ibadetleştirmekle en küçük bir ilgisi yoktur. Kullanılan kelimenin, hayvanı kesmeyi ibadetleştiren bir geçmişi yoktur. Kur'an'ın böyle bir emri yoktur.

"**İnhar**" emri, anlamlarından sadece birisi olan "**hayvan kes**"le kayıtlansa bile bunun anlamı yoksula, eşe-dosta, konu-komşuya, Allah'ın verdiği nimetlere bir şükran ifadesi olarak sofra kurup et yedirmektir. Yani, Kur'an'ın diliyle konuşursak **infakta bulunmaktır.** İnfakta bulunma emrini, bir pagan yalpalamasıyla "**hayvan boğazlama ibadeti**"ne kanıt yapmanın Kur'ansal ve Muhammedî ruhla bağdaştırılacak bir yanı olamaz.

Kevser Suresi'nden çıkarılabilecek buyruk şu olabilir:

Cenabı Hak size nimet verip lütuf ve keremde bulunduğunda ona ibadette daha derinleşin, vakar ve ciddiyetinizi bozmayın, size yöneltilecek küçümseyici söz ve tavırlar karşısında sarsılmayın ve nihayet sahip kılındığınız nimetlerden çevrenize pay çıkarın, nimetleri insanlarla paylaşın.

Paylaşımı, et yedirmek şeklinde yapmayı gerekli görenler elbette ki bunu yapabilirler. Ama paylaşımı başka türlü yerine getirmeyi gerekli görenler de uygun gördükleri yolu seçerler. Kur'an'ın ruhuna ve kelamına uymayan söylem, hayvan boğazlamanın bağımsız ve yerine başka şey konamayacak bir ibadet olarak ilan edilmesidir.

106. Kurban Bayramı'nı et bayramı olarak ifade edebilir miyiz? Ramazan Bayramı'na "Şeker Bayramı" denmesi gibi.

Kurban Bayramı'nın İslam'ın ruhuna uygun adı "**Yoksula Yardım**" bayramı olmalıdır. Ramazan bayramının adı da "**Şeker Bayramı**" değil, **Ramazan Bayramı**'dır.

107. Kurbanların elektro şok ile bayıltılıp kesilmesinin uygun olmadığı, ürenin kandan dokulara geçeceği, dolayısıyla etin yenmeyeceği söylenmektedir. Doğru mudur?

Elektro şokla kesim, dine aykırı olmak bir yana, bilinen kesim yöntemleri içinde dinin beklentilerine en uygun yoldur. Çünkü, İslam, kesilen hayvanların acıyı en az duyacak biçimde kesilmelerini istemektedir. **Elektro şok** yöntemi acıyı aza indirmekte, hayvanın acı yüzünden girdiği stresle kendini kasmasını önlediği için de kanın daha rahat ve daha bol çıkmasını sağlamaktadır. Bunun sonucu ise etin daha sağlıklı ve daha leziz olmasıdır.

Elektro şokun hayvanı kanı akmadan öldürdüğü, bu yüzden de dinen geçerli olmadığı yolundaki iddialar bilim ve İslâm dışı söylemlerdir.

108. Hacılarımız kurbanlarını Arabistan'da kesmektedirler. Bunun yerine vekâletle ülkemizde kestirseler, ekonomik sıkıntı yaşayan ülke insanımız için daha iyi ve uygun olmaz mı?

Sadece iyi ve uygun değil, İslam'ın bir emrinin yerine getirilmesi olur. Çünkü kesilen hayvanların büyük bir kısmı orada telef olmaktadır. Bunun anlamı ise, yoksula yardım demek olan kurbanlık hayvan kesimini, gereksiz yere hayvan boğazlamaya dönüştürmektir.

109. Kurban kesilmesine dair ayet var mıdır?

Kur'an'da böyle bir ayet yoktur, ancak yoksula yardım emri vardır. Yoksula yardım için hayvan kesip et dağıtmak elbette ki mümkündür; ama şart değildir. Yoksula başka bir şey de verilebilir. Kurbanlık hayvan, bayram günü yoksula yapılacak yardımın ölçeğidir. O hayvan tutarında bir başka şey veya para da verilebilir. Ne var ki gelenek, bunu esas çizgisinden çıkarıp kurban bayramını bir tür "**hayvan kesme**" bayramına dönüştürmüştür. (Geniş bilgi için bk. "**İslam Nasıl Yozlaştırıldı**", **Kurban** maddesi).

110. Kurban kesmenin bayramlaştırılmasının İslamî açıdan mantığı nedir?

Hiçbir mantığı yoktur ve hayvan kesmek diye ne bir ibadet ne de bir bayram vardır. İbadet olan da bayram olan da **yoksula yardım**dır. Kurban bayramı diye andığımız bayram, yoksullara hizmet bayramıdır.

Bunun içindir ki, o bayramda dileyen, yoksula hayvan kesip et dağıtır, dileyen et yerine nakdî veya aynî başka bir yardım ulaştırır.

111. Kurbanımı Mehmetçik Vakfı'na bağışlamak istiyorum. Ancak kurbanlık hayvan kesimi yerine onun tuta-

rı olan parayı bağışlasam kurban yerine geçer mi?

Mehmetçik Vakfı veya benzeri kuruluşlara (veya kişilere) kesim için kurban bağışlanabileceği gibi tutarı olan para da bağışlanabilir. O da kurban yerine geçer. Çünkü **kurbanlık hayvan kesmenin İslamî esası muhtaçların korunmasıdır. Bu koruma, et verme yerine onun tutarı olan parayı vermekle de gerçekleşir.** Kur'an, **Hac Suresi 37.** ayette, kurbanlık hayvanların et ve kanlarının Allah'a ulaşmadığını bildirerek bu gerçeğe dikkat çekmiştir. (Geniş bilgi için bk. **"İslam Nasıl Yozlaştırıldı", Kurban** maddesi)

MEZHEP, TARÎKAT, ŞEYH, ŞEFAAT

112. Tarîkatların dinde kaçınılmaz kurumlar mıdır?

Tarîkatları dinin bir emri, kaçınılmaz kurumu gibi görmek veya tanıtmak açıkça küfürdür. Geniş bilgi için **"Tasavvufun Ruhu ve Tarîkatlar"** kitabımıza bakılabilir.

113. Kur'an "Hak, Rabbinden gelir" diyor. Allah birse, 4 hak mezhep nasıl oluyor? Hak sıfatının sahibi olarak bir başkasını dine ilave etmek doğru mu?

Hak sıfatını herhangi bir mezhebe veya kişiye vermek küfürdür. Çünkü Kur'an, **"Hak, Rabbinden gelir, sakın bunda kuşkuya düşenlerden olma!"** (Bakara, 147) diyor.

Gerçek bu olduğuna göre, **"hak mezhep"**, **"hak mürşit"**, **"hak kitap"** gibi deyimleri Kur'an ve Hz. Peygamber dışında kişiler ve nesneler için kullanmak, tartışmasız küfürdür. Bunu yapanların tövbeye davet edilmesi gerekir.

114. Şiî mezhebine göre Muharrem ayında zincirle vü-

cuda vurmak nasıl yorumlanabilir?

Bu uygulama **sevgi**nin taşkınlığından kaynaklanmaktadır ve bu haliyle takdire layık gibi görünmektedir. Ne var ki bunun bir din emri veya gereği gibi uygulanması halinde çok kötü sonuçlarla karşılaşılır. Çünkü bu anlayışla yapıldığında, insan putlaştırma, dine hüküm ekleme gibi olumsuzluklar vücut bulur.

Ayrıca bu davranışlar vücuda eziyet olduğu için de İslam açısından doğru değildir.

115. Bir tarîkata üye olmak gerekli midir?

İslam, Kur'an ve Hz. Peygamber dışında hiç bir yere ve kişiye üye olmayı gerekli görmez. Böyle bir gereklilikten söz etmek bile küfürdür.

116. Bir tarîkatın kurucusu Allah olduğunu iddia edebilir mi?

Tarîkatlar tarihinde, ne yazık ki, bu tür iddialar vardır ve bunlar tartışmasız **şirk**tir.

117. Şeyhe ve tarîkata gerek var mıdır? Şeyh diye anılan kişilerin bilgilerini Allah'tan aldıklarını iddia etme-

nin İslamî hükmü nedir?

Tarîkata girip "**şeyh**"ten el almadan cennete gidemezsin demek açık ve tevilsiz bir putperestliktir. Kur'an'ın Allah ve din anlayışına tamamen aykırıdır.

Şeyhlerin, bilgilerini Allah'tan aracısız bir biçimde aldıkları yolundaki iddia da İslam dışı bir hezeyandır, açık bir küfürdür.

Allah'tan aracısız bilgi almanın, peygamberler de dahil, hiç kimse için mümkün olmadığı Kur'an'da açıkça bildirilmişken (bk. Şûra Suresi, 51), "**Filan şeyh bilgileri Allah' tan aracısız bir biçimde alır**" demek, kâfirliğini ilan etmekten başka bir anlam taşımaz.

İslam'ın kişilerden yararlanmak üzere açık tuttuğu yol bilimin yöntemleriyle **bilgi** alma ve **eğitim** yoludur. Bilen bildiğini öğretmek, bilmeyen de bilmediğini öğrenmek zorundadır. İslam'da **irşat** denen aydınlanma ve aydınlatmanın esası da budur.

Şeyh ise başka anlamların yüklendiği, özellikle **kurtarıcı** anlamının yüklendiği bir tiptir. Böyle bir tipin İslam'da yeri ve anlamı yoktur. Günümüzde şeyh tipine yüklenen anlam, **Hristiyanlık**'taki "**günah çıkarıcı**" ve "**kurtarıcı**" tipe yüklenen anlamın aynıdır. Kur'an bu anlamları da bu kişileri de kabul etmez. Kur'an bu **şirk** artıklarını insan hayatından kovmak için gelmiştir.

Girmek zorunda olduğunuz alan Kur'an'ın iman ve irfan alanıdır. Bağlanmak zorunda olduğunuz kişi ise Hz. Peygamber'dir. Bilginlerin bilgisinden yararlanmak, onları kurtarıcı, cennet garantisi gibi kabul etmeyi haklı gösteremez. Böyle bir yola gidenler cehennemi boylayacaklarını bilmelidirler.

İslam'ın ilkeleri çiğnenerek, dine yalan söyletilerek Müslümanlık olmaz.

118. Kur'an'a göre şefaat nedir?

Tevhit dininde şefaatin anlamı ve esası insanların mutluluk ve kurtuluşu için dua etmek ve iyilik dilemektir.

Şefaatin bir de şirk dinindeki şekli vardır ki o da kurtarıcılığına inanılan kişilerin insanları günahlarından temizlemek, cennete koymak üzere aracı olmalarıdır.

Kur'an, bu ikinci anlamda şefaate temelden karşıdır. Kur'an, bu anlamda şefaate karşı çıkarken şöyle demektedir:"**Yoksa, Allah'ın yanından-yöresinden şefaatçılar mı edindiler?...De ki:'Şefaat tümden ve sadece Allah'ındır. Göklerin ve yerin mülkü/yönetimi O'nundur. Sonunda O'na döndürüleceksiniz.**" (Zümer, 43-44)

Ne yazık ki, geleneksel din anlayışındaki şefaat, tevhit dininin kabullerine değil, **şirk** dininin kabullerine uymaktadır. Kur'an'ın şefaat konusunda çok radikal bir karşı çıkış sergilemesi sebepsiz değildir. Kur'an bilmektedir ki, Müslüman nesiller, şefaati dua olmaktan çıkarıp bir tür, "**yedek ilahların kurtarıcı aracılığı**" haline getirme eğilimine gireceklerdir. Bunu önlemenin yolu ise çok ciddi ve sert bir karşı çıkış sergilemektir. (Şefaat konusunda ayrıntı için bk. "**Kur'an'ın Temel Kavramları**", Şefaat maddesi)

119. Allah'tan başkası şefaat edebilir mi?

Kur'an'ın açık ve kesin ifadesiyle, **sonsuz kurtuluşu sağlayıcı** destek anlamında: "**Şefaat tümden ve sadece Allah'ındır...**" (Zümer Suresi, 44)

Bundan da anlaşılır ki Allah izin vermedikçe hiç kimse, peygamber bile olsa, şefaat edemez. Allah, şefaat izni verip vermeyeceğini, verecekse kime vereceğini Kur'an'da bildirmemiştir. O halde, bizler, hiçbir insan için "**Bu zat, şu zat şefaat edebilir, edecektir**" hükmüne varamayız. Böyle bir hüküm insanı şirke götürür.

Bazı **tarîkat** veya **mezhep** mensuplarının kendi şeflerini şefaatçı olarak göstermeleri, hatta reklam etmeleri ise açık bir küfürdür. Tövbeyi gerektirir.

120. Herhangi bir mezhebe uyma zorunluluğu var mıdır?

Mezhepler, zevkler ve renklere uygun fikir kulüplerine benzer. İsteyen istediğine kaydolur. **Ama Allah'ın bizi sorumlu tutacağı din, Kur'an'ın kapakları arasındadır, mezheplerin kitaplarında değil.**

Mezheplerin dinleştirilip bir tür **şirk** aracına dönüştürüldüğü bir dünya ve ortamda, Kur'an'ın tevhit insanına yakışan ve yaraşan, Kur'an'ı okuyup dini ondan anladığı gibi yaşamaktır. Bu yaşantısında bazı yanlışları olsa da Allah onu, Kur'an'a sadakatinden ötürü ödüllendirir.

Kısacası, **mezheplerin din yapıldığı bir ortamda bunlara uyma zorunluluğu yok, tam aksine, uymama zorunluluğu vardır.**

121. Gerçek bir mürşidi kâmilden ders almak istiyoruz. Sizi mürşit kabul edebilir miyiz?

Gerçek mürşitle önce Kur'an, sonra Hz. Peygamber, sonra da ilminin hakkını veren bilim adamları kastedilir.

Kur'an, mürşit kavramıyla ilim arasında zorunlu bir ilgi kurar.

Bizim için, gerçek mürşit, büyük **Atatürk**'ün de söylediği gibi, **ilim**dir.

O halde, Kur'an'ı okuyun, ilim adamlarının da hepsinden

yararlanmaya çalışın. Gerçek mürşit yani şaşmaz ve kutsallığı tartışılmaz mürşit sıfatı Kur'an ve Hz. Peygamber'den başka hiçbir kaynağa ve kişiye verilemez. Verilirse küfür olur.

122. Fırka ve cemaatlere dahil olan kişiler aşırılıklardan kurtulup doğru yola gelebilirler mi?

Elbette gelebilirler. Elverir ki Kur'an'a dönüp tevhit gerçeğinde karar kılsınlar.

İnsanın beklenen noktalara gelmesinden asla ümit kesilmez.

123. Hz. Peygamber hangi mezheptendi, sizin mezhebiniz var mı?

Kur'an ve Hz. Peygamber **mezhep** diye bir şeyden söz etmemiş, böyle bir şey bırakmamıştır. **Kur'an'ın son ayeti indiğinde din kemale ermiş, tamamlanmış ve adı İslam olarak kesinleşmiştir.** (bk. Mâide Suresi, 3) "**Din, mezhepler olmadan tamamlanmaz, yaşanmaz**" diyenler tövbeye davet edilmelidir; tövbe etmezlerse dinden çıkarlar. Çünkü o iddialarıyla, Mâide Suresi 3. ayeti yalanlamış olurlar. Bu da açık bir küfürdür.

Hiç kimse mezhepten sorguya çekilmeyecektir. Sorgulama

Allah'ın kitabından olacaktır. **4 hak mezhep** deyimi İslam dışıdır. (Mezhepler konusunda ayrıntılar için bk. "**İslam Nasıl Yozlaştırıldı**", Mezhepler maddesi).

Ben, Kur'an ve Hz. Peygamber'i izleyen bir Müslümanım. Müslüman olmak için başka bir şeye sığınmaya ihtiyaç yoktur; Kur'an'ın gösterdiği yolda iş yapıp değer üretmeye ihtiyaç vardır.

124. Alevîlik nedir?

Alevîlik gerçek yapısı itibariyle **Hz. Ali**'yi sevenlerin, onun yaşadığı gibi yaşamayı ilke edinenlerin yolu-yöntemi demektir. Bu anlamda Alevîliğin ne demek olduğunu anlamak için **Hz. Ali**'nin hayatını okumak yeterlidir.

125. Alevî-Sünnî evliliklerinin durumu nedir?

Alevî-Sünnî evliliğinin İslam açısından hiçbir sakıncası yoktur. Alevî de Sünnî de aynı dinin çocuklarıdır. **Hristiyanlık** ve **Mûsevilik** gibi başka dinlerin çocuklarıyla evlenmeye izin veren bir din kendi içindeki **mezhep**lerin (yorum ekollerinin) çocuklarının birbirleriyle evlenmelerini nasıl yasaklar? Böyle bir yasak veya günah olacağını düşünmek, bölücülüğün ve günahın en yıkıcısı ve en zalimidir.

CENNET VE CEHENNEM

126. İnsanlar sürekli cehennemde mi kalacak, yoksa cezasını çeken cennete mi gidecektir?

Her insan takdir edilen cezasını çektikten sonra cennete gidecektir.

127. Cennette mümin erkeklere ödül olarak kadınların verileceği doğru mudur?

Cennet, nimetler yurdudur. Karşı cins de bir nimet sayıldığına göre cennette karşı cinsin verilmesi de hayata ve tanrısal adalete uygundur. Bunda ne şaşılacak ne de şikâyet edilecek bir yan vardır. Ancak şunu unutmamalıyız:

Cenneti "**erkeklerin seks yurdu**" gibi tanıyıp tanıtmaya kalkmak bir talihsizliktir. **Erkeklere kadınlar verileceği gibi, kadınlara da erkekler verilecektir.** Kur'an bunu da bildiriyor. Ne yazık ki erkek lehine yorumlar, kadınlarla ilgili kısmı sürekli görmezlikten gelmekte ve işte bu yanılgı

Kur'an'ın bir tür "**erkekler kitabı**" gibi algılanmasına yol açmaktadır.

128. Cennet ve cehennemin şu anda da mevcut olduğu doğru mudur?

Cennet ve cehennem mekândan çok hallerdir. Ve bu da gösterir ki, cennet ve cehennem şu anda da vardır.

129. Cennet ve cehennemin sonsuz olduğu söyleniyor. O zaman bu sonsuzluk nasıl mekân olur?

Cennet ve cehennemin mekân olduğu yolunda kesin bir bilgimiz yoktur. **Muhammed İkbal** (ölm.1938) başta olmak üzere bazı İslam düşünürleri cennet ve cehennemin mekânlar değil, haller yani yaşanan duygular olduğunu söylemişlerdir. Eğer oralar birer mekân ise, bu mekânlar, kendilerine özgü nitelikleri olan mekânlardır. Çünkü Kur'an, **âhiret** âleminin hiçbir varlığını bu âlemdekilerle karşılaştıramayacağımızı söylemektedir. Anlatım zorunluluğu ile bu âlemin şartlarına has sözcükler kullanılsa da bunlar sonuçta sembolik ifadelerdir. Kur'an, âhiret hayatına özgü anlatımların "**müteşâbih**" olduklarını söyleyerek (bk. Bakara, 25) bu gerçeğe parmak basmıştır.

Sembolik (müteşâbih) ifadelerin anlattıklarına iman edilir, ama onların nasıllığı hakkında hüküm verilemez.

Sonsuzluk meselesine gelince, **sonsuzluk da mahiyeti bilinmeyen kavramlardandır. Esasen, bizim bilgimiz ve gücümüz sonsuzluğun insan için ne anlama geldiğini bilmede yeterli değildir.**

Bizim, sonsuzluk için söyleyebileceğimiz en tutarlı şey onun **uzun bir süre**den ibaret olduğudur. Çünkü, **tanrısal zamanı esas alarak konuşan Yaratıcı kudretin, bırakın sonsuzluğu, zaman sözcüğüyle neyi kastettiğini tam olarak anlamak bile matematik-beşerî zamana mahkûm bir varlık için imkân dışıdır.** Bunun aksini söylemek, Tanrı'nın bilgisi ile insanın bilgisini eşitlemek gibi bir hata olur.

O halde, **sonsuzluk** kavramı, âhiret bağlamında kullandığında, tıpkı öteki kavramlar gibi sembolik bir anlam ifade eder. Onun da mahiyetini bilemeyiz.

Gerçek olan şu ki, **cennet ve cehennem de birer tekâmül aracıdır.** Birincisi nimetle, ikincisi zahmet ve azapla tekâmül ettiren birer araç...

130. Müslüman olmayanlar cennete gidebilir mi?

Müslüman'ın anlamını Kur'an'dan öğrenmek şartıyla, Müslüman olmayanlar cennete gidemez demek zorundayız. Burada, belirleyici olan "**Müslüman kimdir?**" sorusunun cevabıdır.

Müslüman, Allah'a teslim olan demektir. Nüfus kağıdına "**Müslüman**" yazan demek değildir. Allah'a teslim olan herkes cennete gider. Nüfus kağıdında ne yazarsa yazsın. Kur'an'ın ifadesiyle ister **Hristiyan,** ister **Yahudi,** ister **Sâbiî** olsun...Yeter ki **Allah'a teslim olma** gerçeğini yakalamış ve yaşamış bulunsun.

Allah'a teslim olmanın "**mükemmellik şartları**" Kur'an'ın buyruklarıdır. Ancak Kur'an, sonsuz kurtuluşun "**yeterlilik şartları**"nı da göstermiştir. Bu yeterlilik şartlarını taşıyanlar da sonunda cennete gideceklerdir. Yeterlilik şartları **Bakara Suresi 62** ile **Mâide Suresi 69**'da verilmiştir. Bunlar: **1.Allah'ın varlığına ve birliğine iman, 2. Âhiret hayatının varlığına yani ölümden sonra hesaba çekileceğimize iman, 3.İnsanlık camiası için barışa, hayra ve güzelliğe yönelik iş yapıp değer üretmek (amel-i sâlih) olarak verilmektedir.**

131. Cennetteki ağaç neyi anlatmaktadır?

Genel kabule göre cennetteki ağaç **sonsuzluk** isteğinin sembolüdür. Nasıl yorumlanırsa yorumlansın, o ağacın bir imtihan aracı olduğunda, hatta bir imtihandan kinaye (iğretileme) olduğunda kuşku yoktur.

132. Cehennemdeki cezalar uygulanacak mı?

Allah abesle iştigal etmez, yani boş ve anlamsız söz söylemez. Cehennemden söz etmişse o vardır ve onunla verilecek ceza gerçekleşecektir. Ancak şunu da unutmamak gerekir: Kur'an'da cennet ve cehennem ile ilgili olarak geçen tüm söylemler semboliktir. Bunlar, bizzat Kur'an'ın beyanıyla "**müteşâbihât**" yani bir takım benzetmelerdir. Biz bu müteşâbih ifadelerin fizik karşılıklarını bilemeyiz. Bize düşen, bir hesap ve cezanın olacağına iman edip mahiyetini Allah'a bırakmak ve O'ndan affımızı dilemektir. Yani biz, cehennem dendiğinde ne kebap fırınları gibi azaphaneler düşünmek durumundayız ne de "**Öyle şey olmaz**" diyerek kenara çekilmek hakkına sahibiz.

Hesap ve azabın varlığı hak, nasıllığı ise bizim bilgimizden uzak...

TEVHİT VE ŞİRK

133. Müslümanların ölülerden ve ruhlardan dilekte bulunmaları hangi noktada şirk olur, hangi noktada olmaz?

Ölülerden ve ruhlardan dilekte bulunmak, onları Allah ile aranıza aracı koymak her hal ve şartta şirktir.

134. Kur'an'da adı geçen beş put (Vedd, Süva', Yeğûs, Ya'ûk, Nesr) Cahiliye Arapları'nın evliya diye yüceltip putlaştırdıkları bazı ünlü kişiler mi idi?

Nuh Suresi 23.ayette anılan bu 5 put, daha önce kutsallaştırılmış beş ünlü kişinin değişime uğramış adlarıdır.

İnsan hayatının dram noktalarından birine parmak basan bu hikâyenin oluşumu, ilk kez **el-Kelbî** (ölm. 204/819) tarafından açıklanmıştır. **Arap Yarımadası şirk panteonu** ve putları hakkında ilk kaynak olma niteliğini taşıyan **el-Kelbî**'nin verdiği ve değerlendirdiği beş put hikâyesi sonraki zamanlarda birçok hadisçi, müfessir ve tarihçi tarafından yeniden değerlendirilmiştir. Hikâye, **el-Kelbî**'den sonra, özellikle **Buharî** (ölm. 256/869) ve **Taberî** (ölm. 310/922) gibi İslam bilginleri tarafından ibret verici bir biçimde kayda geçirilmiştir. Özetleyelim:

Konuya ilk değinen kişi olan **Kelbî, "Kitabu'l-Asnâm"** adlı eserinde şöyle diyor:

"Vedd, Süva', Yeğûs, Ya'ûk ve Nesr iyilik ve seçkinlikleriyle ünlü bazı kişilerin adlarıydı. Bunların tümü bir ayda öldü. Onların izinden giden bağlıları, üzerlerine ağlayıp duruyordu. Benu Kâbil soyundan bir adam onlara dedi ki: 'İsterseniz size onların ayrı ayrı beş tane heykelini yapayım. Ama onlara ruh veremem.'

"Teklifi kabul ettiler. Adam da onlar için beş ayrı heykel yapıp istedikleri yere dikti."

"O kişileri yüceltenler, yanlarına kardeşlerini, amcalarını, amca çocuklarını alıp bu heykellerin huzuruna gelir, onları yücelten davranışlarda bulunur, çevrelerinde dönerdi. Bir kuşak böyle gitti."

"İkinci kuşak, anılan heykelleri daha büyük bir yüceltmeyle kutsadı. Üçüncü nesil ise şöyle demeye başladı: 'Atalarımız bunları boş yere kutsamadı. Bunların Allah katında şefaatlerini umuyorlardı.' Bunun üzerine bu yeni kuşak, heykellere ibadet etmeye başladı."

"İşte işi bu noktaya bu şekilde getirdiler. Küfürleri alabildiğince şiddetlendi." (Kelbî; anılan eser, 51-52)

Muhaddis tarihçi **Buharî** konuyla ilgili olarak sahabî müfessir **İbn Abbas** (ölm.68/687) tan şunu naklediyor: **"Eski zamanlarda kutsallaştırılmış bu seçkin-üstün insanların heykelleri sonraki zamanlarda Arap Yarımadası'nın ünlü kabilelerine put oldu. "Vedd, Devmetül Cendel'deki Kelb kabilesine; Süva', Hüzeyl kabilesine; Yeğûs, Sebe' yakınlarındaki Cevf bölgesinin Murad ve Benu Ğutayf kabilelerine; Ya'ûk, Hemedanlılara; Nesr ise Himyer 'deki Âlü Zelkila' boyuna Tanrı haline getirildi..."** (Buharî, Tefsir, Suretu Nuh)

Konumuzun esas mesajına açık biçimde ilk ışık tutan kişi müfessir-tarihçi **Taberî**'dir. Şöyle yazıyor:

"Bu isimler, sayılıp sevilen birkaç insanın adıydı. Bu insanların izleyicileri, bağlıları vardı. Bu seçkin kişiler ölünce müritleri şöyle dediler: 'Onların heykellerini yaparsak kendilerini daha çok hatırlarız, bu da bizi daha fazla ibadete özendirir. Bunun üzerine onların heykellerini yaptılar. Bu heykelleri yapanlardan sonraki nesiller de bunların izinden gitti."

"Nihayet İblis, 'Eski nesiller onlara ibadet ediyordu ve onların hürmetine yağmur yağıyordu' diyerek yeni kuşakları fitleyip saptırdı. Artık yeni kuşaklar o "iyi" insanların heykellerine tapıyorlardı..."(Taberî; Tefsir, 29/99)

Müfessir **Fahreddin Râzî** (ölm. 606/1209), Kur'an'ın altını çizdiği bu hikâyeden çıkarılacak dersleri, Kur'ansal bağlamlarını da göstererek ortaya koymaktadır. İlgili ayeti açıklarken şunları da yazıyor:

"İyi hal sahibi-salih kullar ölüyor, ardından halk onların heykellerini yapıyor, bu heykelleri yüceltme yönüne gidiyordu. Bunu yapmaktaki maksatları ise ölüp gitmiş bu insanları yücelterek onları Allah ile aralarında yakınlaştırıcı, şefaatçı kılmaktı. Cenabı Hakk'ın, Zümer Suresi'nde, "Allah'ın yanında birilerini daha veliler edinerek 'Biz bunlara, bizi Allah'a yaklaştırmaları dışında bir şey için kulluk etmiyoruz!' diyenler..." şeklinde tanıttığı kişiler ve zihniyetler işte bu hatayı işleyenlerdir."

"Olay şöyle sergileniyordu: Bir kral, bir büyük zât ölünce onun hemen heykelini yapıyor, onun önünde eğiliyorlardı. Bunu yapan kuşağın ardından gelenlerse atalarının bu heykellere ibadet etmiş olduğunu sanarak atalarını taklitle onları ilah ediniyorlardı."

Râzî, filozofluğuna yakışır bir titizlikle şu bağlantının altını da çiziyor: "**Bu böyle olduğu içindir ki Hz. Peygamber, ilk zamanlarda mezar ziyaretlerini yasaklamıştı. Sonra, ölümü hatırlatır gerekçesiyle serbest bıraktı...**" (Râzî; Mefâtîhu'l-Gayb, 30/143-144)

Râzî'nin de dikkat çektiği gibi, ünlü-**evliya** kişileri zaman içinde ilahlaştırma illeti, Müslüman toplumlarda **türbeleri** mâbetleştirmek şeklinde yürütüldü. Çünkü İslam heykele açıkça karşıydı. Kolektif bilinç altındaki eski **şirk** irini bir başka yolla yukarı fışkırmalıydı. O yol, evliya kültleri ve kabirleri mâbetleştirme yolu oldu.

Ve bir zaman geldi ki, kutsallaştırılmış kişilerin mezarları, tevhit mâbedi camilerin âdeta ayrılmaz parçası, tamamlayıcı kısmı haline getirildi.

Tam bu noktada, yine bir büyük ilim ve fikir adamının, ilgili ayetin açıklamasında dikkat çektiği bir hadisin de altını çizmek istiyorum: Hurafelere karşı çıkışıyla da bilinen Türk müfessir **Sıddîk Hasan Han** (ölm.1307/1889), tefsiri "**Fethu'l-Beyan fî Makâsıdı'l-Kur'an**"ın, üzerinde konuştuğumuz ayeti açıklayan kısmına Buharî ve Müslim'den naklen şu ibret dolu hadisi koymuştur: Peygamberimizin eşleri **Âişe** ve **Ümmü Habîbe**, Habeşistan topraklarında gördükleri **Maria** adlı bir kilisedeki resim ve heykellerin hikmetini Hz. Peygamber'e sorduklarında şu cevabı almışlardır: ' **Bu kilise erbabı, içlerinden iyi hali ile bilinen bir adam öldüğünde, onun kabri üstüne hemen bir mâbet yapıp duvarlarını resim ve heykellerle süslerler. Kıyamet günü, Allah katında varlıkların en şerlisi, en kötüsü işte bu söylediğimi yapan insanlar olacaktır.**" (Sıddîk Han; Tefsir, 14/342)

Bu tarihsel hikâyeden çıkarılacak olan şudur:

Kutsallaştırılıp evliya, efendi, hazret, şeyh vs. adıyla dokunulmaz ve tartışılmaz kılınan kişiler, eninde sonunda ilahlaştırılır, şirk aracı yapılır. Bütün şirk türleri, açığı ve maskelisiyle, böyle doğmuştur ve doğacaktır.

Yani, tevhidin Allahına kulluk adı altında, şirkin tanrılarını güçlendirmeye giden bir yol yürünmektedir.

135. İstemeden veya isteyerek Allah'a şirk koşan ya da böyle bir düşünceyi aklından geçiren kişi tövbe edip Allah'tan af dilerse, affedilir mi?

Öncelikle şunu bilelim: **Zihinden geçen bozuk düşünceler, eyleme dönüşmedikçe sorumluluk getirmez.**

İkincisi: Ölümden önce şirkten dönenlerin kurtuluşu tartışmasızdır. Kurtuluş kapısı kapalı olanlar, âhiret âlemine **şirk** içinde gitmiş olanlardır. Bunun dışındakiler, hesap ve azapları Allah'ın takdirine kalmış olmak şartıyla, sonuçta mutlaka kurtulacaklardır. Elbette ki, Allah dilerse onlara hesap ve azap da göstermeyebilir: "**Allah, kendisine ortak koşulmasını affetmez ama bunun dışında kalanı/bundan az olanı, dilediği kişi için affeder. Allah'a şirk koşan ise, dönüşü olmayan bir sapıklığa batmıştır.**" (Nisa, 116. Ayrıca bk. Bakara, 62; Mâide, 69)

136. Türbelerin camilerle iç içe olması neden şirktir?

Mezarların **ziyaret** maksadının dışında bir amaca eşlik etmesi, onları **şirk** aracı yapar. Bunun içindir ki İslam, mezarların mâbetlerden tamamen ayrı ve uzak tutulmasını ister. Büyük İslam bilginlerinden bazıları, Hz. Peygamber 'in mezarının yanındaki mescidin bile oradan uzaklaştırılmasını, aksi takdirde o mescitte kılınan namazın geçerli olmayacağını söyleyebilmişlerdir. (Geniş bilgi için bk. "**İslam Nasıl Yozlaştırıldı**", Kabirler maddesi).

137. Kur'an'da hiyerarşi kavram ve deyimi var mıdır?

Kur'an'da hiyerarşi deyimi de yoktur, **hiyerarşi** kavramı da...Esasen **hiyerarşi** kavramı Kur'an'a aykırıdır. Tevhit dininde muvazaa (karşılıklı tavizlerle uzlaşma) ve **konsil** (din adına bağlayıcı kararlar alan ruhsal ekip) mantığı olmadığı için, hiyerarşi kavramının da yeri yoktur.

Hiyerarşi, panteonu (ilahlar konseyi) olan **şirk** dinlerinde geçerlidir. Şirk panteonlarında baştaki en büyük ilahtan itibaren, işler ve oluşlar belli ilahlar arasında paylaştırılmıştır. Bu paylaşım ve görev dağıtımı bir hiyerarşiye göre düzenlenir. Eski **Yunan** panteonunda hiyerarşinin tepesinde **Zeus** vardır. **Eski Hint** sisteminde de benzeri bir hiyerarşi dikkat çeker.

İslam'ın yeryüzüne indiği mekân olan **Mekke**'de de **şirk** oligarşisi kendine özgü bir hiyerarşi benimsemişti. Ne ilginçtir ki Mekke şirk anlayışında hiyerarşinin tepesine "**Allah**" oturtulmuştur.

Mekke müşrikleri Allah'ı inkâr etmiyorlardı. Onun, varlıkların yaratıcısı en büyük ilah olduğunu kabul ve itiraf ederlerdi. Kur'an, dikkatlerimizi çok önemli bir noktaya çekmek içindir ki bunu bize bildiriyor: "**Eğer onlara 'Gökleri ve yeri kim yarattı?**' diye sorarsan yemin olsun, '**Allah' derler...**" (Lukman, 25) Mekke şirk kodamanlarının Hz. Peygamber'in temsil ettiği İslam'ın tevhit anlayışıyla çekişmeleri "**min dûnillah: Allah'ın dûnunda**ki" yani bir alt mertebesindeki (deyim Kur'an'ındır ve yüzlerce yerde kullanılmıştır) yedek ilahların devre dışı tutulması, ilahlar arası hiyerarşinin kabul edilmemesi yüzündendi.

Ne yazık ki sonraki zamanlarda bu hiyerarşi anlayışı, bazı kılık değiştirmelerle İslam'ın içine sokuldu. Geleneksel yaklaşımların büyük çoğunluğuna egemen olan bu anlayışa göre düzen şöyledir: **Allah, Peygamber, sahabîler, tabiûn (sahabeyi izleyen kuşak), ulema-evliya (mezhep imamları ve tarîkat şeyhleri)** Geleneksel Kur'an dışı din anlayışı, tüm meseleleri bu hiyerarşik düzen içinde anlar, tüm değerlendirmeleri buna göre yapar. İlginçtir ki bu hiyerarşi, zaman içinde, teorik olarak korunmakla birlikte pratik hayatta bozulmuştur. Örneğin, Allah ile Peygamber ilişkisinde zaman zaman Peygamberimizin söz ve fiilleri (sünnet) Allah'ın sözlerini (Kur'an'ı) **nesh**edici (hükümden düşürücü) bir rol oynayabilmektedir. Geleneksel anlayışın birçok din kitabında "**Sünnetin Kur'an'ı Neshi**" şeklinde başlıklara rastlanır.

Dahası da vardır: Bazı fakıhlar, mezhep imamlarının benimsedikleri görüşlere, verdikleri fetvalara uymayan hadisleri, hatta ayetleri **mensûh** (hükümden düşmüş) gösterebilmişlerdir. Bu, öyle heterodoks, sapık sayılan mezheplerin kanaati değildir. En büyük "**hak mezhep**" sayılan Hanefîlik'te bile bu anlayış egemendir. **Hanefîlik**'in ilk ve büyük imamlarından biri olan **Ubeydullah el-Kerhî** (ölm. 340/951), Hanefîlik'in temel kitaplarından biri olan **er-Risâle**'sinde, mezhebinin şu ünlü ilkesini tekrarlar: "**Mezhebimizin hükümlerine uymayan her ayet ya tevil edilir yahut da mensûh sayılır. Her hadis de böyledir: Ya tevil edilir yahut da mensûh sayılır.**" (bk. Kerhî; er-Risâle, 84; **Hayreddin Karaman**, İslam Hukuk Tarihi, 251)

Allah'ı ve O'nun elçisini bile, mezhep kabullerine uydurmakta sakınca görmeyen bu anlayış, öte yandan, örneğin, günümüzde bir Kur'an ayetiyle ilgili herhangi bir yorumun, hatta bilimsel kesinlik kazanmış tespitlerin sahabî-tâbiûn-ulema yorumlarına uymaması halinde onu din dışı ilan edebilmektedir. Bu anlayışın bir uzantısı olarak, ünlü **Suut** şeyhulislamı **Bin Bâz**, dünyanın dönmediğini, dünya dönüyor diyenlerin kâfir olduklarını, çünkü dünyanın dönmediğine ilişkin eski ulemanın icmaı (fikir birliği) olduğunu ilan eden bir eser yazmış ve bu eser **Medine** İslam Üniversitesi yayınları arasında defalarca basılmıştır. (Bu konuda geniş bilgi için bk. "**İslam Nasıl Yozlaştırıldı**", **İcma** maddesi)

Kısacası, **tevhit** mutlak yetki, mutlak özgürlük sahibi Yaratıcı'nın düzen ve kural koyduğu bir dindir. Onda **hiyerarşi**, muvazaa, müzâkere, **konsil** olmaz. Tevhidin son ve zaman üstü kitabı **"dinin Allah'a, sadece Allah'a özgülenmesi"** gerektiğini birçok ayetinde altını çize çize belirtmiştir. Tevhit, hiyerarşi ve muvazaa dini değil, Allah'a **teslimiyet** dinidir. Bu teslimiyetin, çeşitli oyunlarla parçalanması tevhidi işlemez hale sokar. Bunun sonucu ise muazzez Peygamberimizin **"ümmetim adına en çok korktuğum bela"** diye tanıttığı **şirk-i hafi**ye (gizli, maskeli şirke) yol açar.

İMAN VE İNKÂR

138. İmanın şartı kaçtır?

İmanın Kur'an'da belirtilen şartları 5'tir.; 1. Allah'a iman, 2. Peygamberlere iman, 3. Vahyedilmiş kitaplara iman, 4. Meleklere iman, 5. Âhirete (öldükten sonra hesaba çekileceğimize) iman.

Kadere iman sonraki devirlerde eklenmiştir. (Geniş bilgi için bk. "İslam Nasıl Yozlaştırıldı", Kader maddesi; Hüseyin Atay; Kur'an'a Göre İman Esasları)

139. Günah işleyen bir insan imandan çıkar mı?

Günahın, insanı imandan çıkaracağına ilişkin hiçbir Kur'an beyanı yoktur. İman sadece inkârla yok olur.

Bu Kur'ansal anlayış, şu şekilde ilkeleştirilmiştir:

"Amel imandan bir cüz değildir."

Yani davranışlar, ibadetler imanın bir parçası değildir.

Onlar olmadan da iman olur. İman, ancak inkâr etmekle silinir.

Bu ilkenin bir uzantısı da şudur: **Bir insan nassın (vahyin beyanlarının) varlığını inkâr etmediği sürece, nassa getirdiği yorum ne olursa olsun, tekfir edilemez yani imansızlıkla, İslam dışılıkla itham edilemez.**

Ne yazık ki, **siyasetçi-klikçi geleneksel hurafe dini**, bu Kur'ansal ilkeyi tersine çevirmiş ve hurafe ekiplerinin her biri, İslam'ı ve nassları kendisi gibi algılayıp yorumlamayanları hiç tereddüt göstermeden "**kâfir**" ilan etme zulmünü işlemiştir. Hem de yüzyıllar boyu...

SEVGİ VE KORKU

140. Allah'ı nasıl sevmeliyiz ve onun bizi sevmesi için neler yapmalıyız?

Allah'ı sevmeye niyet etmek, O'nun bir tür "**ev halkı**" olarak nitelenen (niteleme Peygamberimizindir) insanlık dünyasına elinizden geldiğince yardımcı olmak ve Hz. Peygamber'in insanlığa bildirdiği ahlakı yaşamak sizi amacınıza ulaştıracaktır.

141. Allah sevgisi ve Allah korkusu kavramları farklı mıdır?

Allah'la ilişkilerimizde **sevgi** temeldir. **İman da bir sevgi yoğunlaşmasıdır.** (bk. Bakara, 165) Ancak bu, korkunun tamamen dışlanması anlamına gelmez.

Allah'ın buyruklarına aykırılık durumunda elbette ki korkuya düşeriz. Bu korku, Allah'ın korku kaynağı olmasından değil, bizim fiillerimizin korkulacak sonuçlar

getirecek türden olmasından kaynaklanır.

Kur'an'daki "**takva**" kavramının "**Allah korkusu**" olarak tercüme edilmesi ise tamamen yanlıştır. Takva, kelime anlamıyla sakınmak demektir. Kur'ansal anlamı ise Allah'ın iradesine ters düşecek şeylerden sakınmak demektir.

Geleneksel anlayış, kitleyi dizginleyeceğim iddiasıyla takvayı korku ile eşitleyerek Kur'an müminlerine çok yıkıcı bir haksızlık etmiştir. Kaş yaparken göz çıkarmıştır. İslam korku dini, Kur'an korku kitabı, Allah korku tanrısı gibi algılanır olmuştur.

KIYAMET VE ALÂMETLERİ

142. Kıyametten korkmak doğru mudur?

Korkulacak her şeyden korkmak insancıl bir duygudur. Böyle olunca da günah değildir.

143. Zehirli gazların atmosferi kuşatması ve yaşamı zorlaştırması Kur'an açısından bir kıyamet alâmeti sayılır mı?

Dühan Suresi 10-12.ayetler bu sorunuza "Evet!" demeyi gerektirici niteliktedir. O ayetlerde şöyle deniyor:

"Artık sen, o göğün açıkça izlenen bir duman getireceği günü gözle! İnsanları kuşatıp sarar. İnletici bir azaptır bu! 'Ey rabbimiz! Kaldır bizden bu azabı. Biz gerçekten müminleriz."

Kur'an'ın bu beyanına, günümüz bilim çevrelerinin ekledikleri şunlardır: Zehirli gazların atmosferi tahribi sonucu kirlenen hava yüzünden doğal kaynaklar tahrip olacak, yaşam alabildiğine zorlaşacak.

Hepimiz bilmekteyiz ki, havanın zehirlenmesi ozonu delmiş ve bu delik, **Stephen Hawking**'in deyimiyle Amerika kıtasının üç katı bir büyüklüğe ulaşmıştır. Bu delik yüzünden dünya bir radyasyon ve ültraviyole yağmurun tehdidi altındadır.

Bizzat **Hawking,** bu olumsuz gelişmenin bir kıyamet alâmeti olduğunu söylemektedir.

144. Teknolojideki gelişmeler, özellikle tıp bilimindeki gen haritası vb. sizce kıyamet alâmeti midir?

Gen haritasının kıyamet alâmeti olduğuna ilişkin vahye dayalı bir bilgiye sahip değiliz.

145. Yeryüzünün çölleşmesini bir kıyamet alâmeti olarak görenler vardır ve onlardan biri de sizsiniz. Bu anlayışınızı Kur'an açısından nasıl açıklıyorsunuz?

Şu gerçek bugün ortak bir kabul halinde tekrarlanmaktadır:

Buzullardaki erime ısının şiddetini artırarak yeryüzünü bitki örtüsü bakımından git gide zayıflatacak, sonunda en mümbit topraklar bile çölleşecek. Kur'an, bu olgudan bir kıyamet alâmeti olarak açıkça söz etmektedir. Temel beyyineler **Kehf Suresi**'nde verilmiştir.

Birincisi, genel durumu gösteren 47. ayettir. Şöyle diyor: " **O öyle bir gündür ki, dağları yürütürüz; yeryüzünü çırılçıplak görürsün. İnsanları huzurumuzda toplamış, içlerinden hiçbirini hesap dışı bırakmamışızdır.**"

İkincisi, bu, "**çırılçıplak bırakma**"yı ayrıntılayan 7 ve 8. ayetlerdir. Şöyle deniyor: "**Biz, yeryüzündeki şeyleri bir süs yaptık ki, insanları, içlerinden hangisi iş ve üretim yönünden daha güzeldir diye imtihan edelim. Ve şu da bir gerçek ki, biz, yeryüzündeki her şeyi, bitki bitirmeyen/kıtlık ve ölüme yol açan kupkuru bir toprak haline elbette getireceğiz.**"

Bu ayetler gösteriyor ki yeryüzü bir gün, üzerindeki mevcut bitkilerle birlikte kuruyacak ve kıtlıklara, ölümlere yol açan bir kavruk toprak parçasına dönüşecek.

Yeryüzünün bu durumunu göstermek için "**sa'îd**" sözcüğü ile ona sıfat yapılan "**cürüz**" sözcüğü seçilmiştir. **Sa'îd**, yeryüzü demektir. (bk. Râğıb) **Cürüz** ise hiç ot bitirmeyen veya sonradan bu hale gelen toprak demektir. **Cürüz**de ayrıca kıtlık, hayvan ve insanların açlıktan ölümü gibi anlamlar da vardır. Bu kökten gelen "**cereze**", insan ve hayvan kümelerinin helâk olması demektir. (bk. Fîrûzâbâdî, el-Kamus; Râğıb, el-Müfredât)

Buz dağlarının erimesiyle artacak olan sıcaklığın yeryüzünü getireceği son, işte budur.

Bu sonun dehşetini insanlığa en çarpıcı biçimde anlatan ünlü fizikçi **Stephen Hawking** şunu söyleyebilmiştir: **"Korkarım ki, dünyamızın atmosferi ısına ısına, kaynayan sülfürik asitli Venüs'e benzeyecek."**

Stephen Hawking, bizim Kur'an'dan hareketle altını çizdiğimiz uyarıların hemen tümünü, bir fizikçi bilim adamı sıfatıyla tek tek dikkatlere sunarak insanlığın önümüzdeki bin yıl içinde yok olma tehlikesiyle yüz yüze bulunduğunu ilan etmiştir.

Bize göre, **Hawking**'in bu uyarısının bizzat kendisi bir kıyamet âlametidir. Elbette ki ibret, irfan, iman ve basîretle dinleyenler için...

Bitki örtüsünden tamamen yoksun bırakılıp kavruk bir toprağa dönüştürülen yeryüzü kutsal metinlerdeki cehennemin ta kendisidir. Zaten **cennet** de yeşillikler, sularla dolu toprak parçası demektir. İşte o cennete layık olmasını bilmeyen insanoğlu, bu son tasvirdeki cehenneme yuvarlanacaktır. Ne ilginçtir ki, kıyametten söz eden bir ayet, bu müthiş olayı "**yeryüzünün bir başka yeryüzüne dönüştürülmesi**" olarak tanıtmaktadır. (bk. İbrahim, 48) Ayetin ardından gelen ayetlerde ise cehennemi hak edenlerin karşılaşacakları âkıbet anlatılmaktadır.

İnsanlığın hesabı görüldükten ve iyilerle kötüler ayrıldıktan sonra ne olacağını gösteren ayetler de ibret vericidir. Bu ayetlere göre, iyiler cennete sevk edilecek ve şu duayı yapacaklar: "**Hamdolsun o Allah'a ki bize vaadini yerine getirdi; bizi yeryüzüne mirasçılar yaptı. İşte, cennetten istediğimiz yerde konaklıyoruz. İş yapıp değer üretenlerin ödülü ne güzelmiş!**" (Zümer, 74)

Bu beyyine, cennettin, "**bir başka şekle dönüştürülen**" yeryüzünde kurulacağını ve cennete gitmenin de esasında Allah'ın lütfettiği bir, "**yeryüzüne mirasçılık**" olduğunu gösterir durumdadır..

Kesin doğruyu bilen yalnız Allah'tır ve hüküm yalnız O'nundur.

DABBETÜL ARZ ÇIKTI MI?

146. Kıyametin alâmetlerinden biri olarak anılan Dabbetül Arz'dan ve onun çıkışından Kur'an'da söz edilmiş midir? Edilmişse Dabbetül Arz konusunda neler söylenebilir?

Kur'an, **Dabbetül Arz**'ın çıkışı üzerinde durmaktadır.

Neml Suresi 80-85. ayetler insanoğlunun, kötülükleri yüzünden uğrayacağı sonu anlatırken, bu sonun geldiğini gösteren belirtilerden biri olarak yeryüzünden bir dabbenin çıkacağına dikkat çekmektedir. 82. ayet şöyle diyor: "**O söz, tepelerine indiğinde, yerden onlar için bir dabbe çıkarırız da o onlara, insanların bizim ayetlerimize gereğince inanmadıklarını söyler.**"

İnsanlığın sonunun geldiğine, azap ve hesap döneminin başladığına işaret sayılan ve insanlığı Allah'ın ve evrenin yasalarına aykırı davranmakla itham edip uyaran bu dabbe nedir?

Kur'an bünyesinde 14 yerde tekil (dabbe), 4 yerde de çoğul (devâbb) olarak geçen **dabbe** kelimesinin sözlük anlamı **debelenen** şey, demektir. Kur'an bunu her türlü canlı için kullanır. Daha çok hayvanlar için kullanılır. **Elmalılı**'nın deyişiyle, "**Hayvan lafzıyla eşanlamlı gibidir.**" Nur 45. ayete göre, sürüngen, dört veya iki ayaklı, erkek, dişi tüm hayvanlar dabbedir. Ancak Kur'an'ın bu sözcüğü kullandığı ayetlere baktığımızda (Örneğin, Hûd, 6; Nahl, 49, 61) dabbenin insanı da kapsayacak bir biçimde kullanıldığını görüyoruz. **Elmalılı** bu noktaya değinirken haklı olarak, "**Hayvan gibi, insana da ıtlak olunur**" demektedir.

Demek oluyor ki, Kur'an'ın kullandığı şekliyle **dabbe,** yerine göre, hayvan türünden bir canlı olabileceği gibi, insan da olabilmektedir. Sebe' Suresi 14. ayette, **Hz. Süleyman**'la ilgili bir olay anlatılırken adı geçen dabbetül arzın bir **kurtçuk** olduğu tartışma götürmeyecek biçimde açıktır.

Konumuzun omurgasını oluşturan **Neml 82'de ise dabbenin hayvan olması mümkün görülemez. Çünkü o konuşacaktır ve hikmetli, ibretli bir biçimde konuşacak, uyarı yapacaktır.** Hatta, insanoğlunun muhatap tutulduğu uyarıların en önemlilerinden birini yapacaktır. Böyle bir uyarıyı yapan varlığın hayvan olması söz konusu edilemez. Nitekim, Kur'an'ın, Hz. Peygamber'den sonra en büyük müfessiri kabul edilen **Hz. Ali**, Neml 82'deki dabbeden söz ederken şöyle diyor: "**O, kuyruğu olan bir dabbe değil, sakalı olan bir dabbedir.**" Yani insandır. **Hz. Ali**'nin bu sözünü de alıntılayan **Elmalılı,** Neml 82. ayette yer alan dabbe ile ilgili olarak şu sonuca varıyor: "**Açık olan şu ki bu ayetteki dabbe insandır.**"

Dabbetül arz ile ilgili olarak hadis diye rivayet edilen birçok söz vardır. Bunların güvenilir olmadığı eskiden beri birçok hadisçi tarafından söylenmekte idi. Yüzyılımızın en büyük hadis bilgini sayılan **Elbânî** ise bunların tümünün uydurma olduğunu ispatlamıştır. (bk. **Elbânî;** Silsiletü'l-Ahâdîs ez-Zaîfa, 3/233-235) O halde, Kur'an ayetini yorumlarken bu sözlere dayanmamız yanlış olur.

Kur'an'dan baktığımızda, dabbetül arz hakkında şu tespitleri yapmak mümkün görülmektedir:

1) Dabbetül arz yerküreden çıkacaktır. Kur'an, Neml 82 bu noktanın altını çizerek, dabbetül arzın gökten, öte âlemlerden beklenmemesi gerektiğine vurgu yapmıştır. Çünkü insanlar bu tip uyarıcı-aydınlatıcıları hep göklerden, ötelerden bekleyen bir anlayışa bağımlı bulunmaktadır. Dabbetül arzın yerküreden çıkacağı söylenmemiş olsaydı, onu mutlaka ve mutlaka öte âlemlerden gelecek "**ruhanî**"-madde üstü bir varlık olarak düşünür ve ona akıl almaz nitelikler yakıştırırlardı.

Kur'an bu yolu tıkamış ve dabbetül arzın yeryüzünden çıkacağını, yani bir dünyalı olduğunu belirtmiştir.

2) Dabbetül arz, bir insandır. Konuşmakta, uyarmaktadır. Neden böyle bir varlık, insan olarak değil de **dabbe** olarak anılmaktadır. Bunun böyle olması dabbenin alâmetlerinden biridir. O, tüm hikmetli konuşmalarına, uyarılarına rağmen fizik özellikler bakımından tam fonksiyonel bir insan değildir. İnsanın hareketlerini sergilemekten çok, debelenen bir varlığın hareketlerini sergilemektedir. Yani o, beyni ve özü bakımından mükemmel bir insan olmasına rağmen, bedensel açıdan tam fonksiyonel bir insan değildir. İşte onun belirtilerinden biri de budur.

İnsandan çok, debelenen bir varlığı andıran fizik görünüm içinde en ileri fikir ve bilim verilerini üreten ve insanlığa ulaştıran varlık olmak, insanlığın sonunu haber veren dabbetül arzın belirgin niteliğidir.

3) Dabbetül arz, meramını "teklîm" yoluyla anlatır. Kur'an, sözle anlatım için daha çok "**kavl**" (söz), "**beyan**" (açıklamak), "**hadîs**" (söz) kelimelerini kullandığı halde dabbetül arzın meram anlatışını ifade için **teklîm** sözcüğünü seçmiştir. Allah'ın insanla konuşması da bir **teklîm** olayıdır. Bu teklîmin değişik uygulamaları olduğunu Kur' an'dan öğreniyoruz. **Vahiy** bunlardan biridir. Unutulmaması gereken şudur: Allah'ın insanla teklîminde doğrudan ve kelimelerle konuşmak söz konusu değildir; daima işaretler ve aracılar kullanılır. Başka bir deyişle, **teklîm** de kelimeleri ancak konuşanla muhatap arasındaki vasıtalar kullanabilir. Nitekim, Allah'ın insanla "konuşması"ndan söz eden Şura Suresi 51. ayette de teklîm sözcüğü kullanılmıştır. Allah'ın beşerle konuşması ancak "**teklîm**" yoluyla mümkündür.

Dabbetül arzın konuşması da, en azından dünyanın sonuna ilişkin uyarısı, işaretlerle, aracılarla konuşma olacaktır. Onun kendisi de zaten normal bir insanın bedensel fonksiyonlarını sergilemekten uzaktır. O; beyni, bilgisi ve ruhuyla öne çıkan bir varlıktır.

Biz bu Kur'ansal verileri dikkate aldığımızda, dabbetül arzın kimliğini belirleyebilmekteyiz.

Dabbetül Arz, çıkmıştır, şu anda yaşamaktadır ve Kur'an'ın sözünü ettiği uyarıları, yine Kur'an'ın gösterdiği tarz ve üslupla insanlığa ulaştırmaktadır. Kur'an'ın verileriyle bilim dünyasından yükselen uyarıları birlikte düşünenler, dabbetül arzın kimliğini, yaşadığı ülkeyi, meslek ve kariyerini bulmakta gecikmezler.

Bana göre, **Dabbetül Arz,** insanlığı, kıyametin yaklaştığı yolunda sürekli uyaran ve nitelikleri Kur'an'daki tanıtıma tıpa tıp uyan **Stephen Hawking'**dir.

Dabbetül Arz'a selam, sevgi ve saygılar!..

ÖLÜM VE ÖTESİ

147. Allah'tan ölümü istemek günah mıdır?

Ölümü istemek en büyük günahlardan biridir. Bir tür **intihar** girişimidir.

148. Ölüm sonrası yaşam var mıdır?

Ölüm sonrası yaşam vardır. Hayat, bizim âlemimizin oksijen eksenli hayat anlayışına mahkûm değildir. Peygamberli bütün dinler, ölüm sonrası yaşamın var olduğunu kabul edip insanlığa bildirmişlerdir.

149. Ölülerin arkasından Kur'an okumak yararlı mıdır, yararlı değilse başka ne yapabiliriz?

Ölülerin arkasından Kur'an okumak diye bir şey yoktur. Ölülere yararı dokunacak şey, yoksullara yardımdır.

150. Kabir ziyaretinden ölülerimiz haberdar olur mu?

Kabirler sadece ölümü hatırlamak için ziyaret edilir. **Kabir** ziyaretinde başka hiçbir gerekçe ve anlam aranmamalıdır.

Kabir ziyaretinin ölüler açısından hiçbir yararı yoktur.

151. Kabir azabını tarif eder misiniz?

Bu deyim Kur'an'da geçmez. Rivayetlerde vardır. Anlamı, âhiret öncesi âlem olan **berzah** âlemidir. Kabir çukuru ve o çukura konan bedenle bir ilgisi yoktur.

Ceset kabirde kalır, ruh berzahtaki yerine gider.

Eğer ölünün, kabri ziyarete gelenleri fark etmesinden söz edilecekse bunun da berzah âleminden bir fark ediş olduğunu söylemek gerekir.

Kabir azabı, kabir hayatı, kabir âlemi vs. gibi deyimler, berzah âlemini anlatır. Bu anlatımda esas olan berzah âlemidir. Alışıla geldiği için "**kabir âlemi**" denmektedir. İşin gerçeğinin kabirle bir ilgisi yoktur.

O halde, kabir azabı deyimi, ruhun **berzah** âlemindeki azabını ifade eder.

152. Kabir ziyaretinde neler yapılır; örneğin kabre selam verilir mi?

Kabir ziyareti sırasında, insana saygının bir ifadesi olarak mezarlığa selam verilir. Peygamberimizin bu selamı şöyle verdiği rivayet edilmektedir: "**Selam üzerinize olsun, ey bu kabristanda yatanlar. Bir gün biz de size katılacağız.**"

Kabir ziyaretinde bunun dışında yapılacak bir şey yoktur.

153. Hatimlerin ölülerimize bir faydası olur mu?

Hatimlerin ölülere hiç bir faydası yoktur. Kur'an hangi vesileyle okunursa okunsun yararı dirileredir.

154. Ölüm anında ve ölümden hemen sonra şuurumuz şu andaki gibi mi olacaktır, ruhumuz etrafta olup bitenleri algılayabilecek midir?

Durumu ayrıntılı olarak bilmiyoruz. Şu kadarını söyleyebiliriz: Ruh öbür âlemden bu âlemi bir ölçüde izleyebilir, ancak bu âlemde asla etkili olamaz.

155. Berzah âlemi nedir?

Berzah iki şey arasındaki engel veya ortam demektir. **Mahşer** âlemi ile dünya âlemi arasındaki ara âleme/sürece de berzah denmiştir. **Ruhlar,** mahşer âlemine kadar hayatlarını bu ara âlemde sürdürürler. Orada tekâmülleri devam eder; oradaki hayatları, dünya âleminde ulaştıkları **tekâmül** çizgisine uygun bir ortamda yürür. Yani cennetlik ameller işlemişlerse **cennet** ehline yaraşır bir berzah haya-tı yaşarlar. Cehennemlik amellere sahipseler **berzah** hayatları cehennem ehline yaraşır bir hayat olur. (Bu konuda geniş ve güzel açıklamalar için **Şah Veliyyullah ed-Dehlevî'** nin ünlü eseri "**Huccetullah el-Bâliğa**"nın ilgili bölümlerine bakılmasını öneririz.)

Berzah, Kur'ansal bir deyimdir. Kur'an **berzah** sözcüğünü, hem iki şey arasındaki engel anlamında kullanmıştır (bk.Furkan, 53; Rahman, 20), hem de dünya ile mahşer arasındaki orta âlem anlamında yani bizim burada kullandığımız anlamda: "**Ötelerinde, dirilecekleri güne kadar bir berzah vardır.**" (Müminûn, 100)

156. Ölülere Fâtiha üfürmek var mıdır?

İslam'da, ölülere Kur'an veya başka bir dua ile üfürmek, yani bazı şeyler okuyarak onları cennete göndermeye veya günahlarından kurtarmaya kalkmak söz konusu değildir.

Peygamberimizin hayatında da böyle bir uygulama yoktur.

Ölüler için hatim indirmek, falan sureyi veya filan ayetleri okumak diye bir şey yoktur.

Bunun anlamı, ölüm münasebetiyle Kur'an okumanın haram olduğu değildir. Şuna vurgu yapılmak istenmektedir: **Kur'an okumak her hal ve şartta makbuldür, sevaptır, yüceltticidir ancak tüm okuyuşların yararı dirileredir.**

Ölülere gelince, onlar münasebetiyle okunan Kur'an'dan onların yararlanacağını söylemek İslam'a aykırıdır. Bırakın ciddi-Kur'ansal kaynakları, bir parça insafı olan hurafe kaynaklarında bile böyle bir iddia yoktur. (Geniş bilgi için bk. **"İslam Nasıl Yozlaştırıldı"**, **Kur'an** maddesi)

157. Hastalıkların, günahları ve ölüm sonrası cezaları azaltacağına ilişkin hadis Kur'an'a uygun mudur?

Hadisin anlamı Kur'an'ın verilerine uygundur. Yani insanın çektiği her çile onun sürçme ve hatalarından oluşan açıklarını kapatabilir.

Türk **sûfi** düşünürü **Kuşadalı İbrahim Halvetî** (ölm. 1845) buna, çok güzel bir tâbirle, "çilenin mahsup edilmesi" diyor.

BORSA VE SİGORTA

158. İslamiyet'e göre borsanın durumu nedir?

Borsaya yatırılan paralar tedavül aracı olmaktan çok, **ticarî emtia** hükmündedir. O paralar kâr getirebileceği gibi zarar da getirebilir. Böyle bakıldığında borsaya yatırılan paralar karşılığında gelen nemalar ilke olarak **riba** hükmünde olmaz, yani haram sayılmaz. Ancak borsanın büyük spekülasyonlara açık olduğunu da unutmamak gerekir. Başka bir deyişle, borsadan gelen kârlar daima şaibelidir. Bunun içindir ki benim kanıma göre, **parayı başka türlü nemalandırma imkânı olanların borsayı yeğlememeleri iyi olur.**

159. Kasko sigortasının İslamî açıdan yorumu nedir?

Kasko sigortası İslamî açıdan helaldir.

160. Genel olarak sigorta sistemine ve sigorta akitlerine İslam açısından nasıl bakabiliriz?

Günümüz toplumsal hayatının olmazsa olmazlarından biri haline gelen sigorta akitleri ve daha genel bir deyimle sigorta hakkında Müslüman din bilginlerinin, özellikle İslam hukukçularının söz söylemeye başlamaları çok gecikmeli bir faaliyet olarak görülüyor.

1870 yılında **İstanbul Beyoğlu**'nda meydana gelen büyük yangın üzerine, **Şeyhulislamlık**'tan sigortanın İslam açısından geçerli olup olmadığı hakkında fetva istendi. Fetva olumlu ve gösterilen gerekçe şu idi: **Her birey, Allah'ın kendisine verdiği malları korumakla yükümlüdür.** (bk. Karaman; ***İslam'a Göre Banka ve Sigorta***, 13-16)

Şeyhulislamlığın bu gerekçesi, sigorta konusunun oturacağı İslamî omurganın çok kısa ama isabetli bir saptanması olarak görülebilir. Bu omurga tespite yine aynı İslamî mantıkla şunu eklemek gerekiyor: **Her birey, Allah'ın kendisine verdiği canı-sağlığı korumakla da yükümlüdür.**

Sigorta, esası bakımından, İslam'ın korumayı amaçladığı beş temel değerden ikisi olan mal ve canı korumaya yönelik bir tedbir faaliyetidir. İşin yöntem ve şekil yanı zamana ve zemine göre elbette ki çok değişik görünümler sergileyebilir.

Şeyhulislamlık, 1911 yılında **hayat sigortası** ile ilgili bir soruyu "**Ecnebi ülkelerde olmak kaydıyla câizdir**" şeklinde cevaplamıştır.

1903 yılında, zamanın **Mısır Genel Müftüsü** ünlü İslâm bilgini **Muhammed Abduh** (ölm.1905), Amerikalı bir sigorta şirketi olan "**Mutual Life Insurance**" müdürlüğünün bir sorusuyla karşılaştı. Abduh'a sorulan sorunun esası şu idi: Bir kişi, bir gruba bir miktar para vererek bunun belli bir zamana kadar çalıştırılmasını istese ve o zaman dolduğunda hayatta ise biriken kârları kendisinin alacağını, hayatta değilse varislerinin alacağını şart koşsa bu akit İslam açısından geçerli midir? **Abduh,** amacı bakımından sigortaya yönelik, ama üslubu bakımından klasik fıkıh kalıplarına uygun formule edilmiş bu soruya "**Bu, İslam fıkhındaki mudâraba aktinin bir uygulanışı olup geçerlidir**" cevabını vermiştir.(bk. Abdulmuttalib Abduh, ***et-Te'mîn ale'l-Hayât***, 66 vd.; Karaman, 17)

Abduh'un fetvası genel kabule göre, İslam açısından bazı sigorta türlerinin geçerliliğine, bazı kabullere göre ise hayat sigortası da dahil tüm sigorta akitlerinin geçerliliğine kanıttır.

Abduh'un öğrencisi, yorumcusu ve onun çapında büyük bir bilgin olan **Muhammed Reşid Rıza** (ölm.1935) da sigorta akitlerinin, bazı yöntem düzeltmeleri yapılması şartıyla, İslam'a uygun olduğunu kabul etmektedir.

Çağımızın, İslam fıkhı ve İslam tarihi alanında tartışmasız

otoritelerinden biri olan Sorbon Üniversitesi profesörü Pakistanlı **Muhammed Hamidullah** genelde sigortayı İslam'a uygun bulmakla birlikte ücretli sigortaya biraz takılmakta, ancak hiçbir zaman "**haram-yasak**" hükmü vermeden "**hoş görülmez**" demekle yetinmektedir.

Önemli otoritelerden biri olan **Prof. Dr. Ahmed Dâniş, el-Ezher** Dergisi'ne yazdığı makalede, bazı sigorta türlerine karşı çıkan meslektaşı **Muhibbuddîn el-Hatîb**'e eleştiriler getirerek sigortanın her türünün İslam'a uygun olduğunu belirtiyor ve hatta sigortayı teşvik ediyor. (bk. ***el-Ezher Dergisi***, cilt:26, sayfa: 273-275)

Sigortanın ve sigorta akitlerinin tümünü İslam'a uygun bulan belki de bir numaralı fıkıh otoritesi **Ürdün Üniversitesi** İslam hukuku profesörü ve merkezi Suudî Arabistan 'da bulunan **el-Macma'u'l-Fıkhî**'nin üyesi **Mustafa Ahmed ez-Zerka**'dır. Zarka, sigorta akitlerinin tümünün **ta'avunî** (yardımlaşmaya yönelik) olduğunu, bu akitleri "câiz olanlar-olmayanlar" diye ikiye ayırmanın hiçbir İslamî dayanağı bulunmadığını açık ve net bir biçimde duyurmuş ve üyesi olduğu **Macma' ul-Fıkhî** da dahil her yerde, her zaman savunmuştur. (Görüşleri için özellikle bk. ***Nizamu't-Te'mîn, Hakikatuhu ve'r-Re'yu'ş- Şer'î fîhî***)

Zerka; şunun altını ısrarlı bir biçimde çiziyor: "**Sigorta aktinin haramlığına ilişkin hiçbir İslamî kanıt yoktur.**" (Zerka, 63)

Zerka ile aynı düşünceleri aynı gerekçelerle paylaşan bir büyük otorite de **Prof. Muhammed el-Behiyy**'dir. Ona göre de, sigorta akitlerinin tümü, "**ta'avunî**" yani yardımlaşmaya yönelik olup İslam açısından geçerlidir.

Sigorta akti Allah'a tevekküle asla aykırı değildir. Çünkü bu akit, doğacak sonuçları engellemeyi amaçlayan bir akit değildir; tam aksine, doğacak sonuçların acılarını azaltmak için sebeplere baş vurmaya yönelik bir tedbirdir. (Bu konuda bk. el-Bahiyy'den naklen Faysal el-Mevlevî; ***Nizamu't-Te'mîn ve Mavkıfu'ş-Şerî'ati minhu***,52-54)

Sigorta konusunda İslam'ın görüşünü, geleneksel fıkıh kalıplarından hareketle değil de Kur'an'dan hareketle belirlemeye çalışırsak şunları söyleyebiliriz:

1) İnsanlığa Kur'an'ın getirdiği bir din olan İslam zaman ve mekân bakımından evrenseldir. Bu evrensel dinin tanrısal kaynağı olan Kur'an sürekli bir biçimde **aklın işletilmesini istemekte,** aklını işletmeyenleri, üzerlerine pislik inmekle tehdit etmektedir. (bk.Yûnus, 100)

Kur'an, "**sünnetullah**" **(Allah'ın tavır ve tarzı)** dediği ve değişmezliklerini ilan ettiği varlık kanunlarına dikkat çekmekte, insanın bu kanunlarla uyuşum ve barış içinde yaşamasını istemektedir. (bk.Fâtır, 43)

Kur'an, bilime ve bilim üretmeye yönelik tavırlara sürekli dikkat çekmekte, Allah'ı layıkıyla bilmenin, hayatı ve varlığı gereğince tanımanın **bilim** sayesinde mümkün olacağını değişik ifadelerle yüzlerce yerde dile getirmektedir. (Örnek olarak bk. Âli İmran, 18; Fâtır, 28)

Kur'an, "**mâruf**" dediği (örf kökünden bir sözcüktür) ortak insanlık değerlerine, evrensel kabullere uymayı da ısrarla emretmektedir. (Örnek olarak bk. Âli İmran, 104, 110, 114; Tevbe, 71, 112)

Sigorta sistemi ve sigorta akitleri, **tüm bu Kur'ansal değerlere hizmete yönelik bir sistemdir ve bugün için ortak-evrensel bir insanlık değeri** (mâruf) **haline gelmiştir.**

2) İslam bilginlerinin yüzyıllar boyu ve ortaklaşa tekrarladıkları Kur'ansal ilkelerden biri de şudur: Varlık ve hayatta esas olan serbestliktir. Bu, klasik deyişle "**Eşyada asıl olan ibahadır.**" şeklinde ifade edilir. Buna kısaca "**aslı ibaha ilkesi**" denmektedir. Bu ilkenin anlatmak istediği şudur: Bir konuda İslam adına yasaklıktan söz edebilmek için bunun, vahyin verilerinde yer alan açık ve kesin bir ifadeyle ve söz konusu edilen anlama açık ve kesin bir delaletle ortaya konması gerekir. Nassın varlığında veya nassın, söz konusu edilen anlama delaletinde tartışma çıktığı anda yasak veya "**haram**"dan söz edemeyiz.

Sigorta sistemi ve sigorta akitleri konusunda "**tahrîm**" (haramlık) ifade eden herhangi bir nass yoktur. Haramlıktan veya şaibeden söz edenlerin tüm dayanakları, "**eski akit türlerine uymamak**" gerekçesiyle yasak yaratmaktan ibarettir.

3) İslam bilginlerinin, Kur'an'dan hareketle yüzyıllar boyu tekrarladıkları ortak kabule göre, Kur'an dininin korumayı-kollamayı ve yüceltmeyi amaç edindiği "olmazsa olmaz " temel değerler (makâsıd-ı hamse) 5 tanedir. Bugünkü dünyanın insan hakları evrensel bildirgelerinin tümünde de bir biçimde yer almış bulunan bu temel değerler şunlardır:

a) **Nefsi ve nesli koruma** veya canı-hayatı koruma hakkı **(The Right to Protect Life),**
b) **Aklı koruma** veya aklı koruma hakkı **(The Right to Protect the Mind),**
c) **Dini koruma** veya dini koruma hakkı **(The Right to Protect Religion)**
d) **Şerefi koruma** veya şerefi koruma hakkı **(The Right to Protect Dignity-Honor),**
e) Malı koruma (The Right to Protect Property).

4) Kur'an, özellikle muamelât denen hukuk ve sosyoloji alanında örfe atıf yapmakta, örfün dikkate alınmasını istemektedir. (Örnek olarak bk. A'raf, 199; Bakara, 180, 228-263; Nisa, 6; Talâk, 2, 6) Kur'an, **örf** kökünden türeyen ve ortak-evrensel insanlık kabulleri anlamında kullanılan "**mâruf**"a uymayı da ısrarla istemektedir.

Sigorta ve sigorta akitleri günümüz dünyasının tartışmasız-ortak-evrensel insanlık örflerinden biri haline

gelmiştir. İslam'ın da korumayı amaçladığı temel değerleri korumayı esas alan sigortaya, eskinin benimsediği bazı yöntem ve kalıplara uymadığı için karşı çıkmanın İslam'ın talepleri ve fıkhın ruhuyla bağdaştırılması mümkün değildir.

5) Kur'an, varlığımızı, benliğimizi, imkânlarımızı tehlikeye atmamamızı açık bir biçimde emretmektedir: "Kendi ellerinizle kendinizi tehlikeye atmayın!" (Bakara, 195)

Sigorta, tüm türleri ve akitleriyle bu emrin yerine getirilmesine hizmet etmektedir.

6) Kur'an, ayakta kalmamıza, görev ve sorumluluklarımızı yerine getirmemize imkân veren mallarımızı beyinsizlere teslim edip tehlikeye atmamamızı emretmektedir: "Allah'ın, sizin için ayakta kalma aracı yaptığı mallarınızı, kendini bilmez beyinsizlere vermeyin!.." (Nisa, 5)

Sigorta akitlerinin amaçları içinde, mallarımızın telefini engellemeye yönelik bu tanrısal emrin yerine getirilmesine hizmet de vardır.

7) Kur'an, iyilik, barış, hizmet ve mutluluk üzere yardımlaşmayı emretmekte, kötülük, bozgun, mutsuzluk üzere yardımlaşmayı yasaklamaktadır. (bk. Mâide, 2)

Sigorta akitlerinin tümü, az veya çok, şöyle veya böyle, Kur'an'ın istediği anlamda bir yardımlaşmayı amaçlayan akitlerdir. Veya küçük müdahalelerle bu hale getirilebilecek akitlerdir. Dünyanın hiçbir yerinde hiçbir sigorta aktinin, Kur'an'ın yasakladığı türden bir yardımlaşmayı esas aldığı söylenemez. Saptırma ve istismarlar, elbette ki her zaman, her kavram ve kurumda olabilir.

8) İnsanın Allah ile bağını kuran ve Kur'an'ın bir numaralı din değeri saydığı iman, güven duyma ve güvenlik içinde olma anlamı da taşımaktadır. Günlük dilde güven veya güvenlik anlamında kullanılan "**el-emn** "veya "**el-eman** " sözcükleriyle iman sözcüğü aynı kökten ve hatta aynı anlamda sözcüklerdir. O halde, **iman** sahibi anlamındaki "**mümin**", aynı zamanda güvenlik içinde olan, kendini güvende hisseden insan demektir.

Kozmik ve ruhsal varlığını Allah'ın güvenliğine, emanına teslim etmiş Müslüman'ın, maddi hayatında güvenliğini sağlayan sigortadan yararlanmasından daha doğal, daha İslamî ne olabilir!

Sigorta ile güven sağlamak, "**Kendinizi tehlikeye atmayın!**" emrine uymanın bir sonucudur. Kaldı ki **sigorta,** kaza ve kaderle gelecek şeyi durdurmak iddiası taşımaz, doğacak zarar ve sıkıntının insanı ezip yok etmesini durduracak tedbirlere yapışmayı ifade eder.

Sigorta, varlık kanunlarına yani kadere bir karşı çıkış

değil, bu kanunların yani kaderin açacağı yaralara karşı tedbir almaktır. İslam, Allah'a ve onun koyduğu kanunlara karşı çıkmayı yasaklıyor, tedbir almayı yasaklamıyor. Tedbir almak İslam'ın emridir. İslam'ın emri, İslam'a aykırılık olarak değerlendirilemez.

Zerka'nın da söylediği gibi, **hayat sigortası**, hayatı garanti etmek gibi bir cüreti değil, ölenin arkasından geriye kalanların maslahatını (yarar ve ihtiyaçlarını) temin amacını ifade ediyor. Eğer "**hayat sigortası**" deyimindeki "**hayat**" sözcüğüne takılma varsa bunu **aile sigortası** veya ölüm sonrası sigorta olarak da adlandırabiliriz.

9) Kur'an, ancak örnek olarak değerlendirebileceğimiz satım (bey') akitlerinden ayrı olarak (ve elbette ki yine örnek türünden), dayanışma veya güvenlik akti diyebileceğimiz bir başka akit daha düzenlemektedir. Dördüncü sure olan **Nisa Suresi'nin 33.** ayeti şöyle diyor: **"Yeminlerinizin/anlaşmalarınızın akitle bağladığı kimselere gelince, onların paylarını da kendilerine verin."**

Ne ilginçtir ki bu ayette, akit kökünden bir fiil yanında, anlaşma ve taahhüt ifade eden "**el-eymân**" (yeminler) deyimi, ayrıca "**pay**" anlamındaki "**nasîb**" sözcüğü kullanılmıştır. Ayet, bu haliyle sigorta akitlerinin yapısına ve yöntemine son derece uygun bir çerçeve çizmektedir. Gerçekten de sigorta akitlerinde, taraflardan her biri "**pay**" almaktadır. Bu pay, konumuz olan ayette "**kendi payları**" **(nasîbahum)** şeklinde ifade edilmiş ve herkesin payının kendisine verilmesi gerektiği söylenmiştir.

Denebilir ki, **sigorta akitleri Kur'an'ın önümüze koyduğu bu dayanışma ve güvenlik aktiyle hayranlık verici bir biçimde İslamîleştirilmiştir. Başka hiçbir dayanak olmasa, sadece bu ayet bile sigorta akitlerinin Kur'an'a uygunluğunu kanıtlamaya yeter kanısındayım.**

BANKA VE FAİZ

161. Banka faizi haram mıdır?

Banka faizi, enflasyon oranının üstünde olmadığı takdirde haram değildir. Çünkü İslam'da "**malın korunması**" ilkesi temel 5 ilkeden **(makâsıd-ı hamse)** biridir. Müslüman, ma-lının **enflasyon** tarafından eritilmesine seyirci kalamaz.

Ancak şunu da unutmamalıyız: Bu söylediğimiz, bankalı bir dünyanın zulüm ve sömürüye müsait hale getirilmiş bir dünya olduğu gerçeğini ortadan kaldırmaz. Çünkü **bankalı bir dünyada, emeğin yerine kapital ve spekülatif kazançlar geçirilerek insana kötülük edilmektedir.**

İdeal olan, bankaların ve spekülasyona dayalı kazançların yer almadığı bir dünyadır.

Bazı **finans kuruluşlarının kârdan pay** adı altında verdikleri nemalar da banka faizidir. **Hile-i şer'iye** oyunu ile bunlara kâr payı denerek bir aldatmaca yapılmaktadır.

Önemli olan, işin esası ve yapısıdır. Faiz sözcüğünü kullanmamak, dinin ve aklın beklentilerini tatmin etmez, sadece bir **hile-i şer'iye**nin varlığını gösterir.

162. Enflasyonun kronikleştiği bir ülkede, repo, hazine bonosu, borsa haram mıdır?

Enflasyon oranını aşmamak şartıyla saydıklarınızın hiçbiri haram değildir. Ama tümü, şaibelidir. Çünkü birçok spekülatif-haram kazancın taşıyıcı aracı da bu kurumlardır.

Şimdilerde bunlara, kendilerini **hile-i şer'iye** oyunlarıyla dinselleştiren ve "**kârdan pay veren faizsiz bankalar**" diye anılan spekülasyon kurumları eklendi. İslam'ın verileri açısından bunlarla klasik bankalar arasında esasa ilişkin hiçbir fark yoktur.

163. Bakara 275. ayette adı geçen faiz, ne tür bir faizdir?

Anılan ayette geçen sözcük "**riba**"dır. **Riba**, "**kapitaldeki her türlü haksız artış**" demektir. (bk. Râgıb el-Isfahânî, el-Müfredât, riba maddesi)

O halde Kur'an'ın yasakladığı **riba** sadece faiz değildir. Faizin belli bir türü bu riba kavramının içine girer demek en doğrusudur. Öncelikle **tefecilik** ve emek karşılığı olmayan her tür kazanç yasaktır.

Banka faizlerinin bazı türleri de riba kavramı içine girer. Bunlar, enflasyon oranının üstündeki faizlerdir.

Kur'an'ın idealindeki dünya bankasız bir dünyadır; ancak **enflasyon miktarınca alınan banka faizi haram değildir.** Çünkü İslam'da "**malın korunması**" da dinin temel amaçlarından biridir. Enflasyon malı boğar. Onu korumaya almada banka dışında bir imkânı olmayanların banka yolunu denemesi haram sayılmaz.

En iyi yol, parayı, banka dışında yani yatırım yaparak çalıştırıp spekülatif kazanca destekçi konumuna gelmemektir. Geniş bilgi için "**Kur'an'ın Temel Kavramları**" kitabımızın "**Riba**" maddesine bakılabilir.

164. Kredi kartından para çekmek ya da bankadan kredi almak dinimiz açısından uygun mudur?

Kredi kartının dinimiz açısından sakıncalı bir yönü yoktur. Kredi almak ise **enflasyon** oranının üstünde faiz vermemek şartıyla helaldir.

Enflasyonun, yani paranın aşınma miktarının üstünde faiz verilerek kredi almak ise haramdır.

SÜNNET VE HADİSLER

165. Hz. Muhammed'in kendi ağzından çıktığına emin olduğumuz hadisler var mıdır?

Böyle hadisler vardır. Bunlara "**mütevâtır hadisler**" denir. Sayıları tartışmalıdır. En ileri rakamı verenlere göre sayı üç yüzdür. Bize göre bunların sayısı 50'yi geçmez. **İmamı Â-zam**'a göre sayıları 17'dir.

Anlamı ve lafzıyla tartışmasız mütevâtır sayılan tek hadis vardır ki bu da şu mucize beyandır: "**Uydurulmuş bir sö-zü bana isnat eden, cehennemdeki yerine hazırlansın!**"

"**Mütevâtır hadis sayısı şu kadardır**" demek, bunlar dı-şında hiçbir hadis yoktur anlamını ifade etmez. Mütevâtır dışında da hadisler vardır, ancak bunların önümüze gelen lafızlarının hangisinin veya ne kadarının Peygamberimize ait olduğunu bilemiyoruz.

İftirayı din haline getiren din çapulcusu hurafe tellal-

ları, "Mütevâtır hadislerin sayısı şu kadardır" sözünü, "Falanca, şu sayı dışında hadis kabul etmiyor, Peygamberimiz hayatı boyunca otuz-kırk cümleden başka söz söylemedi mi?" gibi bir şeytanî aldatmacaya bahane yaparak halkı saptırıyor ve yüzlerce uydurmayı "hadis" diye kitlelere yutturuyorlar.

İşin esası şudur: Mütevâtır hadisler dışındaki sözlerin Peygamberimize aidiyeti kuşkuludur. Bunlar içinde binlerce yalan ve hatta hezeyan vardır. Kur'an'ın tebliğcisi Peygamberimizin bu tür sözleri söylemiş olması aklen ve dinen kabul edilemez. Birilerinin bunlara "hadis" demesi bizi aldatmamalıdır. Ortada, eğriyle doğruyu, gerçekle sahteyi ayırmamızı sağlayacak bir ölçüt vardır: Kur'an...

O halde, mütevâtır olmayan sözleri Peygamberimize isnat etmede aceleci davranmamak, öncelikle Kur'an 'ın onayına baş vurmak gerekir. Bu da gösterir ki, Kur'an'ı kendi dilimizdeki çevirisinden dikkat ve ısrarla okumaktan başka çaremiz yoktur.

166. Kur'an'ı yorumlamak için sünneti kabul ederken dayanağımız tarihsel hafıza ise buna ne kadar güvenebiliriz?

Tarihsel hafızanın verilerini Kur'an'ın ve bilimin verileri ışığında değerlendiririz. O ışığa uyanları alır, uymayanları atarız.

167. Doğru hadisler hangileridir? Bunu nasıl anlayacağız?

Kur'an'a aykırılık taşımayan ve tarihsel senedi de sağlam olan hadislere güvenebilirsiniz. Yani **hadisler konusunda güvene liyakatin belirleyicisi Kur'an'dır.**

168. Sünnet'e baş vurmadan yalnız Kur'an ile yaşayabilir miyiz?

Sünnet, gerçek sünnet olmak şartıyla, bize yardım ve kolaylık sağlar. Bu kolaylıktan neden kaçalım? Ancak buna dayanarak **Kur'an'ı herhangi bir biçimde yetersiz ve tatmin etmekten (hâşâ) uzak göstermek küfür olur.**

Kısacası, **bir insan sadece Kur'an'dan anladıklarını din olarak yaşasa Allah onu hiçbir hesap ve azaba mâruz bırakmaz.** Hz. Peygamber de ondan memnun olur. Çünkü:

Peygamberimizin esas görevi Kur'an'ı insanlığa iletmektir. Ötesi ayrıntıdır, bize kolaylık sağlamaya yöneliktir. Bu ayrıntılarda, Peygamberimizin gerçek söz ve uygulamalarından yararlanmak çok güzel bir yoldur. Ancak bu yolu kullanmayı geçerli göstermek için Kur'an'ı yetersiz ilan etmek anlamına gelebilecek tavır ve iddialardan sakınmak gerekir.

169. Mütevâtır hadisleri nereden temin edebiliriz?

Mütevâtır hadisleri toplayan hadis kitaplarından yararlanmak mümkün olduğu gibi, diğer hadis kitaplarının "**mütevâtır**" kaydıyla verdikleri hadisleri toplayarak da amacınıza ulaşabilirsiniz.

LAİKLİK, DİN, DÜNYEVÎLEŞME

170. Kur'an derslerine devam ettiğim hocalardan birinin eserinde laikliğin faziletinden, dinin bireyle ilgili bir olgu olduğundan bahsedilirken, diğerinde laisizm peygambersizliğin, sünneti dışlamanın tescilidir, Hristiyanlığın geldiği noktadır, denilmekte... Sizin düşünceleriniz nedir?

Peygamberlik ve **sünnet**le laiklik arasında kurulan bu tür bir ilişki akıl ve bilim dışıdır.

Bir kere şunu unutmayalım: **Hristiyanlığın yozlaşması sünnetsizlikten değil kitapsızlıktandır.** Bugünkü **İnciller Hz. İsa**'nın aldığı vahyi yani kitabı değil, onun sünnetini yani ona isnat edilen rivayetleri toplamıştır. Laikliğin bunlarla bir ilgisi yoktur.

Laiklik, kitleleri Allah adına yönetmeye kalkan kişi ve zihniyetleri insanlığın yakasından düşürmeyi, insanlığın Allah ile aldatılmasını önlemeyi amaçlayan bir sis-

tem ve anlayıştır. Ve bu haliyle İslam'ın takdir edeceği bir disiplindir.

Peygamberlik Kur'an tarafından bitirildiğine göre, insan kitlelerini Allah adına yönetme devri de bitmiştir. Laiklik işte bu bitişin gereğini yerine getirmeyi amaçlar. Ne var ki, toplumları, Allah adına yönetme tutku ve sömürüsünden vazgeçmek istemeyen anlayışlar, laikliği din dışı göstererek egemenliklerini kutsallaştıran bir sürecin bitmesini engellemek istemektedirler.

Laiklik, İslam'ın insanlığa kazandırmak istediği birçok değeri koruyan ve geliştiren bir tavırdır.

Kelime anlamı ve tarihsel yapısıyla laiklik "**din sınıfına, ruhbanlığa bağlı olmayan kişi ve kurum**" demektir. İslam dininde **ruhbaniyet** yoktur; Kur'an, ruhbaniyeti "**dinde türedilik**" **(bid'at)** olarak göstermektedir. (bk. Hadîd Suresi, 27) Bu demektir ki, bir anlamda tüm Müslümanlar laiktir. Çünkü hiçbir Müslüman din sınıfına mensup değildir ve olamaz. İslam böyle bir sınıfın varlığını dine aykırı bulur.

Laiklik, **sekülarizm** (dünyevîlik) anlamında alındığında da İslam'a aykırı olmaz. Çünkü İslam'da, Hristiyanlığın aksine, **dünyevîleşme** kötü bir algılama değildir. Kur'an, kendi mensuplarını hem dünyada hem de âhirette güzellik isteyen insanlar olarak tanıtır. (bk. Bakara Suresi, 201) Kurtuluş ve mutluluk, sadece âhirette güzellik isteyenlerin değil, hem dünyada hem de âhirette güzellik isteyenlerin hakkı ve nasibidir. (Bakara, 202) Ayrıca, Kur'an, "**Dünyadan nasibini unutma!**" (Kasas Suresi, 77) emrini de verir. Ruhu öne çıkarıp bedeni kötülemek, dünyayı iğrenç ve kaçılası gösterip âhireti öne çıkarmak İslam'da yoktur. İslam, dünya ile âhiretin, bedenle ruhun, ruhsal ile bedenselin uyuşmasını, dengede bulunmasını ve kucaklaşmasını ister. Birlik ve birliktelik demek olan **tevhid**in bir anlamı da işte bu denge ve kucaklaşmadır.

171. Türkiye'de laikliğin gerçek bir uygulamasının olduğuna inanıyor musunuz?

Türkiye'de laikliğin din lehine bir uygulamasının olduğuna inanıyorum. **Diyanet İşleri**'nin, anayasal bir kurum olarak varlığı, dinin siyasete ve sonuç olarak da yönetime ve devlete bir biçimde nüfuzunun günden güne artması bu kanaatimin şaşmaz kanıtıdır.

Başka bir deyişle, **Türkiye'de laiklik din ve devletin birbirine müdahale etmemesi şeklinde değil, devletin dine dine destek vermesi, dinin ise devleti siyaset yoluyla yönlendirmesi şeklinde bir uygulama kazanmış bulunmaktadır.**

Teorik olarak baktığınızda bu, benim gibi Müslüman yurttaşları ve dindar düşünce adamlarını sevindirici bir olgudur. Ancak işin tarihsel seyrini ve Türkiye'nin bugünkü durumunu dikkatle inceleyerek bir değerlendirme yaptığınızda durum kaygılandırıcıdır. Çünkü din lehine yumuşatılan, esnetilen ve yer yer erozyona uğratılan laiklik, Allah ile aldatan zihniyetlerin hem laikliği ortadan kaldırmalarına hem de din üzerinden siyaseti sistem haline getirmelerine yol açmakta, imkân vermektedir. Bunun sonu, laikliğin de gerçek dinin ve dindarların da hüsranı olabilir. Çünkü bunun sonunda, adı konmamış bir **engizisyon** gelecektir.

Türkiye, işte bu erozyonlar yüzünden, tarîkatlar konfederasyonuna dönüşmüş bir **Millet Meclisi** ve politikayı değer üretmek yerine dinin kutsallarını istismara uyarlamış bir siyaset anlayışıyla yol almaktadır.

Türkiye'nin en ciddi sorununun, işte bu paradoksta düğümlendiği kanısındayım.

EVRİMLEŞME VAR MI?

172. Darwin teorisi Darwin'den önce İslam âleminde var mıydı?

Evrimleşme, İslam düşüncesinde **Darwin**'den bin küsur yıl önce ele alınmış ve işlenmiştir. Fark, Müslüman düşünürlerin evrimleşmeyi **Darwin**'in aksine, materyalist-ateist bir bakışla değerlendirmemeleridir. Müslüman düşünürler, evrimleşmenin arkasında Yaratıcı'nın, Allah'ın irade ve planlamasını görmektedirler. Böyle bir bakış açısı onlara Kur'an tarafından verilmiştir.

Kur'an, arkasında planlayıcı, güdücü gücün Allah olduğu bir evrimleşmeden söz etmektedir.

Darwin (ölm.1882) ise, bu tanrısal iradeye dayalı evrimleşmeyi, Allah'ı devre dışı bırakarak **tesadüflere** ve kavgaya bağlamış, evrimleşme adına bir kaos yaratmıştır.

İslam düşüncesinde evrimleşme konusunu sistematik sayılabilecek bir biçimde ilk ele alan düşünür **Câhız** (ölm. 255

/868) olmuştur.

Câhız'ın daha çok bilim açısından ele aldığı evrimleşme konusu, ünlü Müslüman filozof **İbn Miskeveyh** (ölm. 421/1030) tarafından felsefî planda incelenmiştir. **İbn Miskeveyh, "el-Fevzü'l-Asgar"** adlı ölümsüz eserinde evrimleşmeyi, **Darwin**'den tam 850 yıl önce incelemiş ve Darwin'in vardığı sonuçlara daha o zamandan varmıştır. Darwin'in bundan haberi elbette yoktur ama şunu bilmeliyiz:

Darwin'e mâl edilen teorinin gerçek sahibi İbn Miskeveyh'tir.

İbn Miskeveyh'e göre:

Yüksek âlemden inen nefs (ruh) çeşitli dünya varlıklarında kendini göstere göstere tekâmül etmiş, nihayet insanlık mertebesine gelmiştir.

Bu süreçte, hayat eserini ilk kabul eden varlık bitkidir. Aşağı düzeyinde bitki tohumsuz ürer... Otlar gibi...

Nihayet evrim, üzüm ve hurma ağacına ulaşır.

Bitkiler âlemi, **hurma** ile, tekâmülünün son sınırına varmış olur. Hurmada artık hayvan özelliği belirmeye başlamıştır.

Hurma, bitkinin son, hayvanın ilk mertebesidir.

Hayvanlar âleminde ilk mertebe, kısmen hareket edebilen, sadece dokunma duyusu bulunan **sedef** ve **salyangoz** gibi hayvanların mertebesidir.

Evrimleşme, **köstebek** ve benzeri 4 duyu sahibi hayvanlarla devam edip 5 duyu sahibi, terbiye edilebilir hayvanlara ulaşır. Bu mertebede **at** ve **şahin** tipiktir.

Evrimleşmenin insanlık mertebesine bağlanma noktasında **maymunlar** ve benzeri gelişmiş hayvanlar görülür.

Ve evrimleşme devam etmektedir...(İbn Miskeveyh'in bu düşünceleri için bk. **el-Fevzü'l-Asgar**, 76-83)

İslam düşüncesinde evrimleşmeyle ilgili tespitler açısından büyük sûfi şair-düşünür **Mevlâna Celaleddin Rûmî** (ölm. 1273) ve yine bir sûfi düşünür olan **Erzurumlu İbrahim Hakkı** (ölm.1772) da önemlidir.

Erzurumlu İbrahim Hakkı'ya göre:

"Varın yok , yokun var olması mümkün değildir. Var daima var, yok daima yoktur. Fakat, var, bir mertebeden diğer mertebeye, bir halden diğer hale geçebilir."

"Allah'ın emriyle felekler ve yıldızlar hareket edip dört unsur ile birbirine karışmış, unsurların çiftleşmesinden

önce madenler, sonra bitkiler, sonra hayvanlar vücuda gelmiş ve hayvan kendine özgü tekâmülü tamamlayınca da insan vücuda gelmiştir."

Madenlerle bitkiler arasındaki geçiş-varlık, mercan; bitkilerle hayvanlar arasında geçiş-varlık, hurma; hayvanlarla insan arasında geçiş-varlık, maymundur. Cümle organları, kıl ve kuyruktan başka içi-dışı insana benzer."

"Varlıklar mertebesi bir düzenle sıralanıp insan mertebesinde son bulur. Gaye, varlığın özü olan insanın meydana gelmesidir."

"Son mertebede, ahlaken yükselip Tanrı huylarıyla vasıflanan kişi, bilginin kemaline erip küllî akla kavuşmuş ve bu mertebede varlık dairesi birleşip tamamlanmıştır." (İbrahim Hakkı; Mârifetnâme, 27-30.)

TÜRKİYE'Yİ KEMİREN ZULÜMLER

173. Yazılarınızda Türkiye'yi zulümlerin perişan ettiğini söylüyorsunuz. Bu zulümlerin bir listesini verebilir misiniz?

Benim kanaatime göre, bu zulümler, çok kısa açıklamalarıyla şunlardır:

1) Zulme Seyirci Kalma Zulmü: Nemelazımcılık, gelen ağam-giden paşam zulmü de denen bu zulüm, daha çok "**pasif zalimlik**" diye anılır. **Zulümlerin en kahpesi ve en yıkıcısıdır.** Sinsidir, kolay fark edilemez. Türkiye'de büyük kitlenin bulaştığı en yaygın zulüm budur. **Atatürk**'ün bıraktığı çaplı, dirayetli, ümit ve gelecek dolu devletin ve Cumhuriyet'in bir isim ve tabeladan ibaret hale gelmesinin temelinde bu zulüm vardır.

2) Haram Lokma Zulmü: Türkiye'de halk tabakalarına kadar yayılmış ve hemen her bünyeyi bir biçimde zehirlemiş olan zulüm, haram lokma zulmüdür. Uluslararası düzeydeki holdinglerimizden, arka sokaklarda kasalar üstünde maydanoz-kabak satanlara kadar herkesin pusulasını saptıran bir beladır haram lokma zulmü...

Haram lokma zulmü, birkaç başlı bir zulümdür; birkaç zulmü toplayan bir zulümdür.

Bu zulmü böylesine yaygınlaştırıp hem meşrulaştıran hem de bir tür kader haline getiren, **1983 sonrası "çağ atlattım"** politikasıdır.

Türkiye bu zehirli beladan kurtulmadan rahat yüzü göremez.

3) **Siyaset Zulmü:** Türkiye'nin, siyasetten ve siyasetçilerden kurtulma savaşı veren bir ülke görünümü arz ettiğini söylemenin bir abartma olmadığı kanısındayım.

Büyük bir ıstırap duyarak söyleyelim ki **Türkiye'de siyaset sürekli zulüm kusan dev bir dinazora dönüşmüş bulunuyor. Kustuğu zulümlerin harcamasını, mağdur ettiği halka yaptıran mitolojik bir yaratıktır bu dinazor...**

Ülkenin tüm imkânlarını ya yiyerek, ya yedirerek, ya da işe yaramaz hale getirerek heba ettiği kanaati bir tür kamu vicdanı haline gelen siyaset, **"milletin kutsal mekânı"** diye adlandırılan 550 kişilik bir mecliste yapıp-edici bir güce dönüşüyor. Bu güç, şu kadere bakın ki, içinden cumhurbaşkanı, hatta ekonomiyi çekip çevirecek bir bakan çıkaramıyor; başka kurumlardan devşirme veya dışardan ithal yoluna gidiyor.

Hiçbir bozukluk ve ümitsizlik yoktur ki siyaset ve siyasetçiyle şöyle veya böyle irtibat halinde görülmesin.

Türkiye'nin en büyük problemi ve en büyük talihsizliği, işte bu siyasettir. Son 60 yılda mâruzu ve mağduru olduğumuz tüm yozlaşmalar, tüm kokuşmalar ve kahırlar, bir biçimde onun eseri olarak görülüyor.

İnsanoğlunun en onurlu faaliyetlerinden biri olması gereken siyaset, bir aldatma, kap-kaç ve sömürü mesleğine dönüştürülerek hizmet yerine zulüm ve hayal kırıklığı üretilmektedir. İkinci dünya harbinden sonraki dünyada fert başına milli gelirleri bizimle aynı veya bizim altımızda olan **Almanya, Japonya, Kore, İspanya, Yunanistan** vs. gibi ülkelerin bugün fert başına milli gelirlerinin 12 bin ila 20 bin dolar arasında olduğu dikkate alınırsa, Türkiye 'nin elli yılı aşkın bir zaman boyunca ne kadar kötü yöne-tildiği ortaya çıkar. Bu ülkelerin tümünün toprak büyüklüğünün bizden az, yer altı kaynaklarının bizden çok zayıf olduğunu ve bir kısmının (yine bizim aksimize), harpte yerle bir edildiğini de akılda tutmalıyız. Bu gerçek, bugün sokaktaki sade vatandaş tarafından bile dile getirilmekte, siyasetimiz ve geleceğimiz açısından çok üzücü şu soru halk tarafından ısrarla sorulmaktadır:

"Acaba Türkiye'yi elli yıldan beri beyin veya vicdan zaafı olanlar mı yönetiyor ki geldiğimiz nokta böylesine perişan?.."

Türkiye'nin yönetiminden ve siyasetçilerden söz açıldığında, yurttaşlarımızın şu soruyu da ısrarla gündeme getirdiklerine, yine üzülerek, tanık olmaktayız: **"Deprem sonrasında, A.B.D Başkanı Clinton'ın deprem bölgesini ziyareti üzerine dünyanın her yanından oluk gibi yardım aktı. Bu yardımların harcanması, bütçe dışı tutuldu. Toplanan yardım, birkaç kişilik bir komisyon marifetiyle harcandı. Hiçbir denetimi yok. Sayıştay denetleyemez. Ne oldu bu yardımlar, nerelere harcandı da arkasından, depremde bile uğramadığımız bu ekonomik kıyamete mâruz kaldık?"**

Bu ve benzeri sözler asla duymak istemediğimiz, duyunca da karşı çıkmayı yeğlediğimiz sözlerdir Ama şu iki şeyin tartışmasız olduğunu kabul etmek de bir vicdan borcudur: 1.Türkiye **Atatürk**'ten sonra iyi yönetilmedi, 2. Çok partili dönemin ardından gelen ve "**dine dönüş**" yaftasıyla maskelenen ortaçağa ve riyakârlığa dönüş, ülkemiz ve insanımız için çok zararlı oldu.

4) Şirk Zulmü: Kur'an'a göre, en büyük zulümlerden biri de şirktir. (Lukman, 13) Şirk, tüm üretimleri, emekleri işe yaramaz hale getiren korkunç bir yıkımdır. (bk. Zümer Suresi, 65)

Şirkin en kötüsü ise, Hz. Peygamber'in "**ümmetim adına en çok korktuğum şey**" diye tanımladığı "**gizli-maskeli şirk**"tir. İşte bu maskeli şirk, ortalığı bir veba gibi sarmış bulunuyor. Türkiye, İslam adı altında yarı **Şintoist,** yarı

Şaman, yarı tevhitçi bir karma din yaşıyor. İslam'ın mâbedi, içinde secde edilecek tevhit yeterliliğinden büyük ölçüde uzaklaşmış bulunuyor. Eski Yunan ve Cahiliye Arabistanı şirk panteonlarını andıran yedek ilah kümeleri oluşmuş ve bu kümeler, pagan ilahlarına özgü yetkilerle halkı baskı altına almış. Halk, mâruz kaldığı zulümlerin harcamasını da yapmak gibi, eşi az görülmüş bir kahrın pençesinde kıvranıyor. Ve bunu yapanları "**şefaatçı**" olarak görmeye devam ediyor.

5) Türbeperestlik Ve Şeyhperestlik Zulmü: İlk kez **Muhammed İkbal** tarafından dile getirilen bu zulümler şirk zulmünün uzantılarıdır.

6) Allah İle Aldatma Zulmü: "Sakın Allah ile aldatılmayın!" (Fâtır,5; Hadîd, 14) emrini veren bir kitabın iman çocukları, Allah'ı bir baskı ve aldatma aracı olarak kullanan dayatmacı din tüccarlarının tezgâhlarında ömür tüketiyor. Siyasetten ticarete, dinden ziraate kadar tüm alanlarda Allah ile aldatılarak şaşkına çevrilen bir kitle manzarası arz ediyoruz.

7) Allah'ı Dışlama Zulmü: Allah, insan hayatının hemen tüm alanlarında (mâbetler dahil) devre dışı bırakılmış ve âdeta sürgüne gönderilmiş bulunuyor. Bunu yapanların zalim ve inkârcı olduklarına ilişkin Kur'ansal beyanlar (bk. Mâide, 44-45) kimsenin kılını kıpırdatmıyor.

8) Riya Zulmü: Riyakârlık, toplumun âdeta temel başarı

aracı, dini-imanı haline getirilmiş bulunuyor. Özellikle **din** ve **siyaset** alanları riyâkarlıkta yarış yapanların müsabaka arenasına dönüşmüş. Riyakârlığı dinin inkârı sayan İslam' ın bu uyarısı (bk. Mâûn Suresi) kimsenin umurunda değil...

9) Fosilperestlik Zulmü: Sadece yaşayan yedek ilahlara kul-köle olmakla kalınmıyor, bunların ölüp gidenlerinin fosilleri de kutsanıyor. **Siyaset** ve **din,** fosilleri ilahlaştırılmış kişilerin istilası altında. **Kayd-ı hayat** şartıyla liderlik, krallık sistemlerinde bile görülmeyen bir kadere dönüşmüş durumda. Eskilerin "**hırs-î pîrî**" (ihtiyarlamış adamın doymazlığı) dedikleri tutku, Türkiye'de birçok ünlü ismin tarihe kalacak tek üretimi gibi görünüyor.

Yaratıcı hamlelerin kümelendiği **Batı** ülkelerindeki hayranlık verici fedakârlık ve feragat örneklerini, bizim ülkemizde ancak hayal edebiliyoruz. En ağır ithamlarla eleştirilen siyasetçilerimiz bile, koltuk ve mevkilerinden ayrılmamayı bir zafer gibi algılıyor. **Batı** dünyasında koca ekiplerin istifalarına sebep görülen olumsuzluklar veya ithamlar bizim ülkemizde tek kişinin yerinden kıpırdamasına bile gerekçe olamıyor.

10) İkrah Zulmü: Baskı, zorlama anlamlarındaki **ikrah,** dinde yer almaması gereken bir bela olarak tanıtıldığı halde (bk. Bakara, 256) Türkiye'de din adına akıl almaz baskılar, manipülasyonlar, zorlamalar yürütülmekte, eğitim sistemi bu baskılarla perişan edilmekte, gençlik karmaşaya itilmektedir. Serbest bırakıldığında en kötü ihtimalle günahkâr olacak insanlar, bu baskılar yüzünden, **gizli şirk** olan riyakârlığa itilmekte, **dindarlaştırma adı altında korkunç bir dindışılık yürütülmektedir.** Gençlik bu örtülü şirk yüzünden ya başka dinlere kaymakta, yahut da dinsizliği yeğlemektedir. Türkiye, bu **riya dinciliği** yüzünden bir tür "**yabancı dinler ve ideolojiler cenneti**"ne dönüşmüş bulunuyor. Bu yabancı din ve ideolojiler, hurafe dinciliği sayesinde bol bol avlanma imkânı buluyor.

İbadetler, **ikrah** yüzünden, yer yer birer işkenceye dönüşüyor.

11) Kur'an'ı Dışlama Zulmü: Din, Kur'an'ın elinden alınıp sonraki zamanlarda oluşturulmuş bir takım "**yapay kutsal kitaplar**"a teslim edilmiş bulunmaktadır. Furkan Suresi 30.ayetin tehdidi kimsenin dikkatini çekmemektedir.

12) Dinde Ziyadecilik Zulmü: Hz. Peygamber'in "**şirretlik**" olarak nitelediği bu zulüm, dinde, özellikle ibadetlere ekleme yapmak şeklinde beliren bir sapıklıktır. Bu illetin çok tipik görünümleriyle sarsılan ve çekilmez hale gelen bir din hayatı oluşmuş bulunuyor. Peygamberimizin iki rekât kıldığı **Cuma** bu illet yüzünden 16 rekâta çıkarılmış, dört rekât kılıp camiye sokmadığı **teravih,** 20 rekâta çıkarılarak camiye sokulup âdeta farzlaştırılmıştır. Hiç kimse, Allah'ın gönderdiği ve Hz. Peygamber'in gösterdiği ile yetinmemekte, ziyadeciliğe karşı çıkanlar "**Fazla ibadet seni neden rahatsız ediyor?**" şeklinde Kur'an dışı bir sloganla susturulmaktadır.

13) Teref Zulmü: Servet ve refahla şımarmak anlamındaki **teref**, **"haram servetlerin kudurması"** olarak tanımlanabilecek bir insandışılıktır. Bu illet, ülkeyi kasıp kavuran temel belalardan biri olarak büyümeye devam etmektedir. Yoksulluk ve işsizlik büyük kitlelerin belini büktükçe, teref zulmünün ruhu kararmış firavunları vur patlasın-çal oynasın âlemleriyle halkı çıldırtmaya devam etmektedir.

Dünyanın en etkili yayın organlarından biri olan **"The New York Times"** Türkiye'de sosyal patlama kaygısı yaşandığını haber yaptığı yazısında şu satırları yazma gereksinimi duymuştur: **"İstanbul'da kimileri yatlarla, Porsche marka arabalarla gezip lüks barlarda dolaşırken kimileri de çöplerden bir şeyler toplayıp karın doyuruyor."** (bk. **Hürriyet Gazetesi,** 22 Temmuz 2001)

Ülkenin en büyük tirajlı gazetelerinden birinin ilk sayfasında, vur patlasın-çal oynasın kudurmuşluğunun psikopat gösterilerinden birini tablolaştıran koca bir resmin altında ibret ve dehşet veren şu satırları okuyoruz:

"Burası Bodrum..Bir eğlence kulübü. İçerisi hınca hınç dolu. Adım atacak yer yok. Buradaki eğlence tarzı alıştıklarımızdan biraz farklı. Nasıl mı? Pistin tamamı çamurla doldurulmuş. Kafası kıyak gençler çamur deryasının içinde, yarı çıplak halde hem güreşiyor, hem dans ediyor. İçki, müzik, çamur ve bikinili kızlar birbi-

rine karışınca, eğlencenin dozu da iyice kaçıyor. Milyonlarca lira verilerek şişelerce şampanya ısmarlanıyor. Yüzü-gözü çamur içinde kalanlar, güreş bitince birbirlerini şampanyalarla yıkıyor. Bunun adına onlar 'eğlence' diyor." (**Star Gazetesi**, 22 Temmuz 2001)

Aynı basın organı, usta bir gazetecilik kıvraklığı ve basîretiyle, bu **sefahet** resminin hemen yanına, yine ibret ve dehşet dolu bir **sefalet** resmi koyuyor: Hastane parasını ödeyemediği için rehin tutulan bir kadınla onu kurtarmak için evinin eşyasını satmaya çalışan bir adamın içler acısı manzarası...

Bu, her gün ekranlara ve sayfalara yansıyan yüzlerce çarpıklıktan sadece biri...

Teref zulmünde akıl almaz tecellilerden biri de, bu zulmün sergilenişiyle safa sürenlere, bu zulmün mağduru olan geniş ve yarı aç halk tabakalarından destek gelmesidir.

Nasıl mı? Televizyonların **reyting** rekoru kıran programlarına bakın! Bunların hemen tamamı, v**ur patlasın-çal oynasın programları** diye andığımız israf-şehvet ve kısmen de rezalet programlarıdır. Reytingin sonucunu kim belirliyor? Halk. Hangi halk? **Teref** ve **israf** zulmünün faillerine tatmin sağlayan haramlar tarafından emeği sömürülüp alay konusu yapılan halk.

Demek ki, **Türkiye'de zalimler gerçek zalim ama maz-**

lumlar gerçek mazlum değil.

Her mağdur, mazlum değildir.

Mağdur olmak mazlum olmanın şartlarından sadece birisidir. Mağdurun aynı zamanda mazlum olması için zulümde en küçük bir payının veya rızasının olmaması gerekir.

Ne yazık ki, Türkiye'de mağdur ve makhur olan halkın büyük kısmı mazlum değil. Bu böyle olduğu içindir ki zulüm bir türlü bitmiyor.

Türkiye, zalimleri, mazlumların besleyip özendirdiği bir "acaip" coğrafya manzarası arz ediyor. Bu acaiplik sürdüğü içindir ki Cenabı Hak manzarayı sadece şu ayeti anımsatarak seyrediyor: "**İşte böyle! Biz, elleriyle kazanmakta oldukları yüzünden, zalimlerin bir kısmını bir kısmına musallat ederiz/yönetici yaparız.**" (En'am, 129)

Teref zulmünün toplumları batışa götürdüğünü haykıran **İsra Suresi 16** ve benzeri ayetler, Kur'an'dan çıkarılmış gibidir.

14) İsraf Zulmü: Kelime anlamıyla da zulüm demek olan **israf** (savurganlık) **teref** illetinin ayrılmaz bir parçasıdır. Türkiye'de özellikle haram servet erbabıyla, devlet parası yiyen çevrelerde doruk noktalardadır.

15) Paylaşımsızlık Zulmü : Çağdaş terminolojiyi kullanarak buna, "**sosyal adaletin iflası**" da diyebiliriz. Kur'an'ın vicdan ve sevgi üzerine oturtmak istediği paylaşım, Batı toplumlarında kanun ve kurallarla sağlanmış bulunuyor. Bizim ülkemizde bunların hiçbiri tam gerçekleşmediği için, paylaşımsızlık, toplumun temellerini kemiren bir mikrop gibi varlığımızı tehdit etmektedir.

16) Geleneği Dinleştirme Zulmü: Atalar-dedeler kabulü bir yığın âdet ve görenek din sanılmakta, örf, dinin âdeta temel kaynağı haline getirilmiş bulunmaktadır. Elli küsur ayette doğrudan, yüz küsur ayette de dolaylı olarak atalar-dedeler örflerini dinleştirenleri şirke bulaşmakla suçlayan Kur'an'ın bu ürpertici uyarısı kulak ardı edilmekte, bilim ve Kur'an adına gerçeği öne çıkaranlar "**atalara saygısızlık, yüce ecdadımızın örflerine karşı çıkmak**" gibi yaygaralarla itham edilip etkisiz hale getirilmektedir.

Muazzez İslam, vahye değil de ata kültlerine dayalı bir din haline getirilmiş bulunuyor.

17) Kanunları Sadece Veya Daha Çok Güçsüzlere Uygulama Zulmü: Birçok kanun ve yönetmelik, sesini yükseltemeyen, siyasal ve ekonomik gücü olmayan sade zavallı insanlara uygulanmakta, gücü olanlar, sistemi kendi hesaplarına zarar vermeyen uygulamalara uyarlamaktadır.

Kanunun kuvvet olması yerine git gide kuvvet kanun olmaktadır.

18) Formalite Veya Bürokrasi Zulmü: Çağ dışı bir yığın bürokratik fuzûliyât (lüzumsuzluklar) halkı, iş yapma değer üretme gayreti içinde olanları canlarından bıktırmakta ve devleti, vatandaşı korkutmayı âdeta görev bilen bir umacıya dönüştürmektedir.

Burada, Hz. Peygamber'in, hayatı boyunca yaptığı belki de tek beddua olan şu sözü anımsamak çok yerinde olacaktır: **"Allahım! İnsanların işini zorlaştıranların sen de işlerini zorlaştır!"**

19) Emanet Ve Ehliyetleri Ehline Vermeme Zulmü: En yıkıcı ve en ilkel zulümlerden biri de budur. İş ve emanetlerin ehil olmayanlara verilmesi âdeta tanrısal emir haline getirilmiş, "**işe uygun adam**" ilkesi, "**adama uygun iş**" ilkesine dönüştürülmüştür. Özellikle **siyaset** ve **din** alanında, söz sahibi olmak, yetersiz ve bilgisiz olmaya bağlanmış gibidir.

Siyaset ve din temsilindeki düzeysizlik günden güne büyümekte ve toplumun geleceğe güvenini silip süpürmektedir.

Özellikle **siyaset,** hiçbir işte başarılı olamamış birtakım adamların **kapağı atıp** köşe döndükleri bir kurum görünümü arz eder olmuştur.

20) Ğulûl Zulmü: Kur'ansal bir terim olan **ğulûl,** kamu hak ve imkânlarının yerine ulaşmasına engel olmak, kamu mal ve imkânlarını çalıp çırpmaktır. **Hz. Peygamber, ğulûl zulmü işleyenlerin cenaze namazlarını kılmamıştır.** Ve sadece onların cenaze namazlarını kılmamıştır. Kur'an, Mâûn Suresi'nde ğulûlü dini inkâr etmekle eşanlamlı kılmaktadır.

Türkiye'nin ekonomik çıkmazının aşılması için sadece **ğulûl** zulmünün çalıp çırptıklarını geri almak bile yeter. Sadece devlet bankalarından çeşitli oyunlarla alınan ve yine çeşitli oyunlarla geri çevrilmeyen kredilerin toplamı 20 milyar doların üstündedir. Bunları alanlar belli, verenler belli, aracı olanlar bellidir. Ve hepsi ortadadır. Ve kredi borçlarını ödemeyenlerin her birinin neyi nerede sakladığını, nerede nesinin bulunduğunu bu devlet bilmektedir, bilmek zorundadır.

Neden gereken yapılmıyor? Bu firavunlar güruhunun çarpıp götürdüklerini yerine koymak için ha bire benzine, yola-köprüye zam yapılıp çaresizlerin kamburu büyütülüyor.

Deprem için gelen yardımların büyük bir kısmının da bu tip firavunların açtıkları gediklerin kapatılmasında kullanıldığını söyleyip duran halka "Hayır, öyle değil! "demeye hangi vicdan cesaret edebilir?

21) Emeğe İhanet Zulmü: Kur'an, emeği **kapital**e boğduran yaklaşımları zulüm olarak görür. Esas olan emektir; çünkü üretip yaratan odur. O halde nimet ve imkânlardan öncelikle emek yararlanmalıdır.

Türkiye'de emek, bırakın kapitali, ranta, hile ve düzenbazlığa boğdurulmaktadır. En ciddi ve üretken iş adamları bile, paralarını çalıştırmak yerine spekülatif değerlendirmelerle gelir sağlamayı tercih konumuna getirilmişlerdir.

Sürekli çalan felaket çanlarının biri de budur.

Kötü yönetim, hırsız siyasetçiler ve ter dökmeden kazanmak isteyen rantçıların işbirliği Türkiye'yi emeğin sürekli mağdur edildiği bir zulüm arenasına döndürdü.

Emek iki musibetle ihanete uğratılmıştır: Ülkeyi **toto-loto-piyango** oyunlarıyla kumarhaneye döndüren musibet, faiz başta olmak üzere her türlü spekülatif kazancı gelir kapısı yapan rantçı musibet.

Bu rant sömürüsü yüzünden, emeğe dayalı hemen tüm sektörler can çekişme noktasına gelmiştir. Hayvancılık, tarım bunların başındadır. "**Türkiye'ye çağ atlatıyoruz**" hezeyanını haklı göstermek için ücra kasabalardaki bakkal vitrinlerine şampanya dolduran siyaset, bir **tarım** ve **hayvancılık** cenneti olması gereken Türkiye'yi sadece naylon oyuncak değil, et, meyve, hatta buğday ithal eden bir ülke durumuna getirerek geleceğimize en büyük darbelerden birini vurmuştur.

Ucuz yatırımla veya yatırımsız bol ve rahat kazanç tutkusu **demir yollar**ımızı âdeta ölüme mahkûm etmiş, tüm taşımacılığı kara yollarına bindirerek hem oluk oluk para harcanmasına hem de binlerce insanın ölümüyle sonuçlanan trafik kazalarının kader haline gelmesine zemin hazırlamıştır. **Atatürk**'ün onca gayret ve işaretine rağmen, hiçbir Cumhuriyet hükûmeti rantçı kapital gruplarının keyfini kaçırmayı göze alıp demiryollarını canlandırma cesaretini gösterememiştir. Hatta böyle bir şeyi telaffuz bile edememiştir.

22) Bugünkü Yumurtayı Tercih Zulmü: İnsanı insan yapan değerlerden biri de yarını, ileriyi görme ve davranışları bu görüşün verilerine uygun hazırlama özelliğidir. Halk kitlelerinin en çok bulaştığı zulüm, işte bu özelliği ters işletmekten kaynaklanmaktadır. Büyük şehirlerdeki tabiatı tahrip eden ve devlet toprağını yağmalayan gecekondulaşma, halkın kendi eliyle kendi geleceğini perişan etmesinin tipik bir örneğidir. Bu olguda hem halk hem de politikacılar, yarınki tavuğu vererek bugünkü yumurtayı almışlardır. Sonuç, ülkenin ve halkın aleyhine olmuştur: Düzensiz şehirleşme, doğanın tahribi, gettolaşma, depremin bir kıyamet felaketine dönüşmesi vs. hep bu yanlışın faturalarıdır.

Bugünkü oyu yarınki onura tercih eden siyasetler, halkı, bugünkü karın tokluğunu yarınki insanca yaşamaya tercih yanlışına mahkûm etmiştir.

23) Kadını Ezme-Horlama Zulmü: Kadınlarımız, Kur'an ve Hz. Peygamber'in tanrısal bir mucizeyle önlerine koyduğu hakların hemen hemen tümünden yoksun bırakıldıkları gibi büyük **Atatürk**'ün eşsiz bir dirayet ve basîretle hayata geçirdiği birçok imkândan da yoksun bırakılıp baskı, aldatma ve ezmeye mâruz duruma getirilmişlerdir.

24) Yetim Hakkı Yeme Zulmü: Tüm ülke, özellikle örtülü derebeyliklerin hüküm sürdüğü Anadolu köyleri, yetimlerin ezilip horlandığı bir büyük arena gibidir. Yetimlere haksızlığın Allah'ın özel öfkesine yol açacağı yolundaki vahyî beyanlar unutulmuştur.

25) Hayvanlara Eziyet Zulmü: Hayvanlara eziyet zulmünü hem de ibadet adı altında sergileyen tipik ülkelerden biriyiz. Yoksula yardım bayramı olan **Kurban Bayramı**'nı hayvan boğazlama bayramına dönüştürerek masum hayvanları sokak ortalarında acılar içinde kıvrandırmak âdeta alâmeti farikamız olmuştur.

26) Sevgisizlik Zulmü: Yunus, Mevlâna, Hacı Bektaş gibi koca gönüllü sevgi ve rahmet anıtlarının ölümsüz nefesleriyle ıtırlanan Anadolu'nun çocukları olan bizler, ne yazık ki, o nefeslere ihanet ederek birbirimizi sevmek ve kucaklamakta en geri ülkelerden biri haline gelmiş bulunuyoruz. İslam'ı, o engin gönüllü Anadolu erenlerinin nefesiyle hayata sokan "**Türkmen yorumu**"nu bırakıp **kılıç, kin** ve çıkar perdesinden algılayan **Arap-Acem** yorumlarıyla kavrama sürecini açtığımızdan beri din, hayatımıza **rahmet** unsuru olarak giremiyor; kin, dalaş, riya ve sömürü enerjisi olarak giriyor.

Paylaşmıyoruz, en küçük bir kırgınlığı **kin** ve düşmanlık vesilesi yapıyoruz. Birbirimizi saymıyoruz, birbirimize tahammül göstermiyoruz. Bu çürüyüşümüzü bilen dış düşmanlarımız, bizi sudan bahanelerle birbirimize düşürüp kavga ve kana itmekte hiçbir zorluk çekmiyorlar.

Gelecek nimet ve güzellik paylaşımları yerine günlük **kin** ve **öfke** tatminlerini yeğlemiş bir halk haline geldik. Talihsizliklerimizin en büyüklerinden biri, belki de en büyüğü işte budur.

Sevgisizlik, rahmetin bize ulaşan yollarını dikenledi; sevgisizlik bizi, rahmetten nasipsizliğe mahkûm etti. En büyük felaketimiz odur ki:

Bu topraklara artık, "yaratılanı Yaratan'dan ötürü sevenler"in nefesleri hayat vermiyor. Çünkü o nefesleri besleyen din, kin ve şiddet ocağına dönüştürüldü. Şimdi herkes bu ocaktan, kendi siyaseti için bir kürek ateş almayı hüner sanıyor...

27) Diri Diri İnsan Yakma Zulmü: Türkiye'de sevgisizliğin bir günah, bir zaaf olmaktan çıkıp bir din ve şehvet haline geldiğinin en şaşmaz göstergelerinden biri, belki de birincisi, insanların diri diri yakılabilmeleridir.

Avrupalı bizi, **"Kurbanlık hayvanları usûlüne uygun kesmiyorsunuz, hayvanlara eziyet ediyorsunuz!" diye yıllardır yerden yere çalıyor.**

İkiyüzlü Avrupa! 38 insan diri diri yakıldığında, "**usûlüne uygun kesilmeyen**" kurbanlık hayvanlar kadar ses çıkarmadın! Neden? Çünkü senin bağırıp çağırman, merhamet veya adaletinden çok, siyaset ve menfaatinden kaynaklanır. Türkiye'de birilerinin diri diri yakılması, gelecekte senin politik hesaplarına uygunsa onu fazla "**ses çıkarma**" konusu yapmazsın.

Biz, olaya dönelim:

Tarihin en katı zalimlerinin bile nadiren tenezzül ettikleri bu en korkunç zulüm, hem de masum insanlara karşı ve hem de 20.yüzyılın son yıllarında bu ülkede sergilendi.

Eğer bu ülkede, âlemlerin rahmeti bir Rabbin gönderdiği ve âlemlerin rahmeti bir Peygamber'in gösterdiği dinden eser olsaydı, minarelerinden yirmi dört saat ezan yükselen bir kentin ortasında diri diri insan yakılması yeri-göğü inletirdi. Ve bunun öncülüğünü dindarlar yapardı. Merhamet, insan hakları ve adaletin öncü temsilcileri dindarlar olmalıdır. Nerede o dindarlar? Nerede o, yaş bitkileri yakmayı bile merhametsizlik gören Kur'anî Muhammedî vicdan?

Ceketlerinin yakasına kahve dökülse "**Zulme uğradık!**" diye kıyamet koparanların, diri diri insan yakma zulmüne karşı, mücadele vermek şöyle dursun, kıllarını kıpırdattıklarını bile gören olmamıştır. Ama bunun tam tersini yaptıklarını bilen milyonlarca insan var ve onlardan biri de benim.

Nerede kaldı zulümden yakınma, nerede kaldı insanlık, içtenlik ve inandırıcılık!?

İnsanca, Kur'anca konuşalım: **Yirminci yüzyılın en büyük zulümlerinden biri olan bu olay, Türkiye'deki dini, dindarlığı, camiyi, cemaati, değil birkaç ay veya birkaç yıl, asırlarca sorgulamaya değecek niteliktedir.**

Allah, kullarının günahlarını, sürçmelerini, zaaflarını örter, affeder ama böyle bir vahşeti örtüp bu zulmün işlendiği ülkeyi hoş göreceğini söylemek, peygamberlerin tanıttığı mesajı inkâr etmek veya hiç anlamamak olur.

En büyük **Neron** zulmünden beter bir acımasızlıkla **Sivas'ta 38 insanı diri diri yakanlar** bu ülkenin çocuklarıdır. Dahası, onları "**din ve iman**" (hâşâ) adına savunan ve alkışlayanlar da bu ülkenin çocuklarıdır.

Daha beteri: Bunlar içinden bir kısmı, ülkenin yarınlarını "**mutlu ve müreffeh**" yapmak vaadiyle halktan iktidar isteyen politik odakların ön saflarında yürümektedir.

İnsanın, "**Teşbihte hata aranmaz**" deyişine sığınarak ve "**farz-ı muhal**" kaydı koyarak şunu diyesi geliyor: "**Siz Allah olsanız böyle bir ülkeye rahmet ve mutluluk indirir misiniz?**"

Böyle bir ülkenin Allah'tan rahmet ve bereket beklemesi Allah ile alay etmek değil de nedir?

28) Doğayı Tahrip Zulmü: Her yanı sularla, çiçeklerle donanmış, her gün dört mevsimin yaşanabildiği bir cennet ülkeyi çöle çeviren bizleriz. Yakıp yok ettiğimiz ormanlarda hayat sürdüren kuşlar, böcekler, kirletip zehirlediğimiz sularda tespih edemez hale gelen balıklar bizi Allah'a şikâyet etmiştir ve etmektedir. **Doğayı tahrip edip Türkiye'yi çöle çevirdikten sonra yüzümüz hiç kızarmadan yağmur duasına çıkıp Allah'tan rahmet dileyebilecek kadar da haya zaafına uğramış bulunuyoruz.**

Kendine bir ev veya dükkan yapmak için elli ağaç kesen insanlarımızın bir çoğu, evini-dükkanını yaptıktan sonra beş ağaç bile dikmiyor. **Yeşillikten âdeta nefret ediyoruz.** Balkonlarımızdan çiçekler, bahçelerimizden yemyeşil dallar fışkırmıyor. Birkaç aileyi besleyecek sebzeyi rahatlıkla yetiştirecek güzelim bahçelere sahip olanlar bile bir avuç maydanozu çarşıdan almayı yeğliyor. Bahçelerimizde hormonsuz sebze yetiştirmenin, hormonsuz çimlerde yalın ayak dolaşmanın sağlık ve mutluluğunu yaşayanımız hemen hemen yoktur.

Esas anası olan doğa ile böylesine küs hale gelmiş bir topluma Allah neden rahmet etsin!?

29) Duvarı İnsandan Üstün Tutma Zulmü: Yatırımlarımız insandan çok duvara, ideolojiye yöneliktir. Bu çarpıklığın aracı olarak özellikle din kullanıldı.

Yarım yüz yıl içinde yüz bini aşkın cami yaptık ama, o camiler içinde insan yapan bir tanesine tanık olamıyoruz. Allah'ın evi (hâşâ) dediğimiz o duvarlar arasında kin ve düşmanlık yayılıyor.

Muazzez Peygamberimizin, "**Ümmetlerin yıkımları cami ve mescit yapıp süsleme yarışıyla başlamıştır; benim ümmetiminki de böyle başlayacaktır**" uyarısındaki ölümsüz mesajı fark edene rastlamak mümkün olamıyor.

İslam'ı Kur'ansal ve Muhammedî vicdanla algılayan ve bu vicdanın sesine uygun olarak konuşmak ciddiyetini gösteren herkes bilecektir ki; Türkiye'deki **cami enflasyonu,** Allah'a teslimiyetin değil, bizzat Kur'an'ın rahatsızlık duyduğu ve yasakladığı "**Allah ile aldatma**"nın göstergelerinden biridir. Daha açık söyleyelim:

Türkiye'de cami, zulmün deşifre edilip aşılmasına değil, zulmün kamufle edilmesine, hatta yer yer kutsallaştırılmasına araç yapılmaktadır.

30) Şehvet Zulmü: Şehvet, insanın et ve kana teslimiyeti demektir. Bu teslimiyeti bazen madde bazen de ruhsal yaftalı kabuller hazırlar. **Cinsiyet, gıda, para,** mevki şehvet konusu olabileceği gibi din ve **ibadet** de olabilir. "**Allah'a ibadeti başınıza bela haline getirmeyin!**" diyen büyük sahabî **Ebudderda** (ölm.32/652) bu gerçeği ölümsüz bir ihtişamla insanlığa duyurmuştur.

Ruhsal veya bedenseli ölçülerin dışına taşırmak onları şehvet objesi yapar. Korunması gereken ölçü, **yaşamak için yemek,** Allah emrettiği için ibadet etmektir. **Yemek için yaşamak,** dinde ziyadeleştirmelere gidip yapay ibadetler yaratmak gıdalanmayı ve ibadeti şehvete dönüştüren sapmalardır.

Türkiye'de temel şehvet grupları, teref erbabıyla din erbabı arasından çıkmaktadır. Birinciler, vur patlasınçal oynasın tablolarıyla, ikincilerse sevgi, merhamet ve paylaşımdan uzaklaşıp imanı inat haline getiren tavırlarıyla şehvet sergilemektedirler.

Din ve **ibadet**in şehvete dönüştüğünün göstergesi, ibadet etmeyenleri düşman görmek ve dini kin konusu haline getirmektir.

31) Fırkacılık Zulmü: Fırkacılık, şirkin sosyal görünümüdür. Fırka yaratanların hiçbir gerekçesi bu gerçeği değiştirmeye yetmez. (Fırkacılık şirki için bk. **"İslam Nasıl Yozlaştırıldı"**, **Şirk** maddesi)

Türkiye, **fırkacılık** şeklinde seyreden sosyolojik şirkin en kahırlı tablolarının yaşandığı bir coğrafya durumundadır. Yüzlerce ideolojik, siyasal ve dinsel fırka, kanserojen bir tahriple halkı kemirmekte, soymakta, kaos ve şaşkınlığa itmektedir.

Fırkacılıkla halkı parçalara bölüp sömürenler, başları sıkıştığında, sömürdükleri halkı yüzüstü bırakıp bir yabancı ülkeye kapılanmakta hiçbir sakınca görmemektedir. Sömürdükleri paraları gamsız-kasavetsiz yemenin en iyi yolu bu olsa gerek!..

Sevgi, anlayış, hoşgörü gibi hayat verici değerleri eriten fırkacılık **gıybet, haset, iftira, kin** ve nefret gibi temel belaları palazlandırmaktadır.

32) İftiracılık Zulmü: İftiracılık bizim toplumumuzun âdeta belirgin niteliklerinden biri haline gelmiş bulunuyor. **Siyaset** ve **din** temsilcilerinin başarıları, iş yapıp değer üretmeye değil, rakiplerini iftiralarla yıpratıp üste çıkmaya uyarlanmış gibidir. Özellikle **din** üzerinden **siyaset** yapan **hurafe ve saltanat dincilerin**in, kendileri gibi düşünmeyenlere reva gördükleri **iftira,** bu yolda açtıkları kampanyalar, değil bizim tarihimizin, engizisyon tarihinin bile yüzünü kızartacak iğrençlik ve namertliktedir.

Son yıllarda, iftira, bu kesimin bir tür esas dini ve imanı haline gelmiştir. Hiçbir vicdan, hiçbir insanlık kaygısı duymadan alabildiğine ve akıl almaz biçimde iftira, bunların maske altındaki yüzlerinin ne denli insanlık dışı olduğunu toplum önünde belgelemiş bulunuyor.

İftira, Kur'an'ın ebedî lanetle lanetlediği ve suçlularının tanıklık haklarını yine ebediyyen ellerinden aldığı korkunç bir zulümdür. (bk. Nur Suresi, 4, 23) Hal böyle olunca, **din**

ve **siyaset** gibi iki hayatî kurumun bir tür iftiracılık sektörüne dönüştüğü ülkemizin halini yeniden ve ciddi biçimde düşünmek gerekmektedir.

33) Yalancılık Zulmü: Toplum olarak inanılmaz yoğunlukta yalan söylüyoruz. Mümin, **zina** ile, **alkol** içme ile birlikte olabilir ama yalancılıkla birlikte olamaz diyen muazzez Nebi, ümmetinin en yıkıcı illetlerinden birine parmak basmıştır.

Dine akıl almaz bir ekleme yaparak, namaz kılmayanlara ölüm cezası verecek kadar zıvanadan çıkan "**ulemamız**", yalan söylemeyi önlemek için hiç değilse bunun onda biri kadar titiz davranmış olsaydı, Müslüman ülkelerin kaderi bugün çok daha parlak olurdu.

Yalanın en kötüsünün Allah ve din adına yalan söylemek olduğunu bize öğreten Kur'an, bu mucize beyanıyla İslam dünyasındaki yalancılığın çapını ve türünü aynı anda göstermiştir.

34) Pislik Zulmü: Evlerimizin önünden, mâbetlerimizde giydiğimiz çoraplardan sokaklarımıza, denizlerimize, ormanlarımıza, nehirlerimize kadar her yanımızla temizlikten âdeta tiksinen bir ülke görünümü arz ediyoruz. Büyük şehirlerimiz çöplük arenalarına dönmüş bulunuyor. "**Temizlikte dikkat ve sürekliliği bırakma ki rızkın genişlesin!**" diyen Hak Elçisi'nin bu mutluluk reçetesinden nasiplenmek sanki Müslüman nüfus kağıdı taşımamak şartına bağlanmış...Tüm Müslüman coğrafyalarda temizlik sorunu temel dertlerden biridir.

35) Uyaranlardan Rahatsızlık Zulmü: En büyük zulümlerden biri olan bu rahatsızlık, ışık ve aydınlıktan nasip damarlarının kesildiğini belgeleyen bir felakettir.

Yalakalık, idare-i kelam, sürekli övgü, alabildiğine ve hesapsızca alkış şeytanî bir şehvet halinde bünyemize oturmuş bulunuyor.

Mertçe ve açıkça konuşanlardan nefret ediyoruz; onları yüreğimize batmış birer diken gibi görmekteyiz.

"**Uyarı yaptım, uyarıyorum! Siz de uyarın!**" diyen bir bilim ve düşünce adamına en büyük televizyonlarda, reyting uğruna,"**aydın-ilerici yaftalı hizbuşşeytan kahpeleri**" tarafından haftalarca uygulanan yargısız infaz sahnelerini, müdahale etmesi gerekenler bile sadist bir zevkle izleyebilmiş ve resmî-gayrı resmî hiçbir mahfilden en küçük bir itiraz yükselmemiştir.

Bir toplumun sefaletle imtihanına karar verilmiş olduğunun temel göstergelerinden birinin de uyarıcılardan nefret ve uyaranlara eziyet olduğunu, gök mesajı taşıyan tüm metinlerde görmüş bulunuyorum. (Bu konuda özellikle Nisa, 148; Şuara, 208-209; Fâtır, 32. ayetlere bakılmalıdır)

36) Cehalete Pirim Zulmü: Uyarıcılardan tiksinme

zulmü, cehalete prim zulmünü doğurur. Cehalete prim Türkiye'nin belirgin niteliklerinden biridir. Hemen her konuda, daha cahil olanlar daha çok itibar görüyor, daha çok para kazanıyor.

Cehalete pirimin beslediği marazlar olan şarlatanlık ve ilkesizlik **din** ve **siyaset** gibi iki hayatî alanı kuşatma altına almış bulunuyor.

Sadece belirli zümre ve sektörlerin değil, hemen tüm halkın katılımıyla yürüyen bu "**temel zulümler**" Türkiye'yi sürekli krizlerle sarsmakta, silkelemekte, ülkeyi **berzahtan** berzaha geçirmektedir.

Kurtuluş, oradan-buradan borç dilenmekte değil, "**âcil ve küllî bir seferberlik**" ilanıyla kendimize dönüp sosyal benliğimizi arıtmaktadır.

Çok ama çok kirlendik. Arınmadan kurtulamayız!

BİD'AT KAVRAMI VE BİD'ATLAR

174. Bid'at nedir?

Kur'ansal anlamına sadık kalmak koşuluyla çok önemli olan bid'at kavramı ile ilgili geniş bilgiyi biz **"İslam Nasıl Yoz-laştırıldı"** adlı eserimizde verdik. Burada çok kısa bir özet sunacağız:

Bid'at, dinde, vahyin belirlediği çerçeveye ekleme yapmaktır. Vahyin belirlemediği hususlardaki değişiklikler ve yenileşmeler bid'at kavramıyla ilgili değildir.

Bid'at kavramının ruhu, Ahkaf Suresi 9 ile Hadîd Suresi 27.ayette verilmiştir. Birinci ayette Kur'an, **bid'at açısından Hz. Peygamber'in durumu**nu değerlendiriyor. O, türedi bir peygamber olarak ortaya çıkmamıştır. O, tanrısal iradenin planı ve faaliyeti üzere gönderilen ışık ve aydınlık öncülerinden biridir.

İkinci ayet olan Hadîd 27'de ise **bid'at,** kavramsal ve kurumsal açıdan ele alınmakta ve peygamberler tarihinde bu türediliğe örnek olarak Hristiyan ruhban sınıfının icat ettiği (ve sonra da ilkelerine saygılı olmadıkları) **ruhbaniyet (monastisizm)** gösterilmektedir.

Bid'atın omurgasını tanımamızı sağlayan Hadîd 27 gösteriyor ki bid'atlar:

1) İyi niyetle, Hak rızası kazanmak gayesiyle icat edilebilirler; bu onların bid'at olmasını engellemez.

2) Bid'at olarak ortaya çıkarılan şeye bir süre sonra bizzat onu icat edenler bile uyamazlar.

Kur'an'ın verileri ışığında lügat bilginlerinin yaptıkları açıklamalar dikkate alındığında **bid'at,** dinin vahye dayanan tespitlerine, buyruklarına, kabullerine yapılan **ekleme** veya bunlarda vücuda getirilen **eksiltmedir.** Buna göre:

Bid'at, din bünyesinde söz konusu olur. Hayatın diğer alanlarındaki yeniliklerin bid'at kavramıyla irtibatlandırılması tam bir saptırmadır. Hatta, **diyanet** veya **şerîat** denen ve dine getirilen beşerî yorumları içeren alandaki yenilikler de bid'at kavramı içine girmez. Bid'atin söz konusu edilebilmesi için "**din**" bünyesinde yeni icatların olması gerekir. Başka bir deyişle, **bid'at, tanrısal alana müdahale ile ortaya çıkan bir olumsuzluktur.** Dinin insana bıraktığı beşerî alandaki yenileşmeler, bu yenileşme adına yapılan müdahaleler yanlış dahi olsa bid'at adını almaz.

Bid'at, Allah'ın din olarak gönderdiğinde olmayan şeyi var göstermektir.

Din olmayan geleneklerin kabullerine ters yeni kabuller oluşturmak bid'at olmaz. Bunun içindir ki bid'at konusunu en iyi anlatanlardan biri olan çağdaş yazar **Bâkırî,** bid'atı "**Dinde olmayan şeyi dine sokmaktır**" şeklinde tanımladıktan sonra şu yolda konuşmuştur: **Bid'at, dinin tevkîfî (içtihada kapalı) meselelerinde söz konusu olur; âdetlerde ve mubahlarda olmaz. Eskiden yazı divitle yazılırdı, şimdi bilgisayarla yazılıyor. Bunun bid'atla bir ilgisi yok...** (bk. Bâkırî, 69)

Bundan şunu da anlarız: **Bid'atı, bid'at-i hasene (güzel bid'at) ve bid'at-i kabîha (çirkin bid'at) olarak ikiye ayırıp sonra da güzel-çirkin kavgası yapmak temelden yanlıştır.** "**Güzel bid'at**" tâbiri, birçok olumsuzluğun gözden kaçmasına yol açan bir **maske tâbirdir.**

Bid'at, eski örflerin yerine yeni örfler koymanın adı değildir; dinin tespitlerinin yerine eski veya yeni herhangi bir örfü koymanın adıdır. Bazıları ne hikmetse eski örflere bağlılığı bid'at saymazken yeni örflere en küçük bir itibarı hemen bid'at ilan eder. Oysaki örfün dinleştirilmesi her hal ve şartta bid'attır. Bunun bir kısmı günah bid'atı olur, bir kısmı şirk bid'atı...Ama "güzel bid' at" asla ve asla olmaz...

Bizim için **bid'atın göstergesi, Kur'an'da yer almamak-**

tır. Çünkü Allah'ın dininin kaynağı Kur'an'dır.

Türk din hayatında bid'ata karşı çıkmak adına konuşup da en yıkıcı bid'atları üreten kişi ve zümreler epeycedir. Bunlara göre bid'at, öncelikle eski kabullere aykırılıktır. Daha net bir çerçevede bakılınca bu insanların mensup oldukları fırkanın kabullerine ters düşen her şey, bunlara göre, bid' attır. Bunlar için olay, "**biz ve ötekiler**" olayıdır; din bunun sadece dokunulmazlığını sağlayan bir araçtır.

Böylesi yorum ve kabullerle değerli bilgiler içeren eserlerini bir tür "**hurafe kuyusu**"na çeviren rahmetli **Ömer Nasuhi Bilmen** (ölm.1971), bid'atı bakın nasıl tanımlıyor: "**Din hususunda sahabe-i kiram ile tâbiûnun iltizam ve delil-i şer'ının ıktıza etmediği muhdes şeylerdir.**" Bu talihsiz tanımın günümüz Türkçesiyle ifadesi şu: "**Bid'at, din konusunda yüce sahabîlerle onları izleyen kuşağın esas almadığı ve dinsel kanıtların gerektirmediği, sonradan ortaya çıkmış şeylerdir.**" (Bilmen; Istılâhât-ı Fıkhıye Ka-musu, 2/9)

Ömer Nasuhi merhum, biraz önceki İslam dışı tanımıyla da hızını alamıyor. Kur'an-Peygamber ikilisine eklediği sahabe-tâbiûn ikilisine ilaveten mezhepler panteonunu da devreye sokarak şöyle diyor: "**Mezâhib-i islamiyeden birine intisap iddiasında olup Ehlisünnet vel cemaatin akîdelerine muhalif itikadda bulunan şahsa da mübtedi' denir.**" (aynı yer) Yani, İslam mezheplerinden birine bağlı olduğunu söyleyip ehlisünnet velcemaatin (her ne demekse) inançlarına aykırı inançlar taşıyan kişiye de bid'atçı denir."

Kısacası, **Bilmen**'e göre, elimizdeki fıkıh kitaplarında din olarak önümüze konan şeylerin herhangi biriyle ilgili olarak "**acaba**" dediğiniz anda bid'atçı olursunuz.

Bid'atın belirlenmesinde Kur'an'ı esas almamanın sonuçları çok kötü olmaktadır. Bilmekteyiz ki, geleneksel kabul, "**Bid'atın küfrü gerektirenini sergileyen mürted olup katledilir; küfrü gerektirmeyenini sergileyen ise ta'zîr ile cezalandırılır.**" demektedir. (bk. Âmir; et-Ta'zîr, 321-324) Şimdi bu belirleme neye göre yapılacaktır? Eğer siz, bir mezhebin kabullerini küfür-iman konusunda ölçü alırsanız, işe bir miktar da siyaset katan herkes hoşuna gitmeyen herkesi "**Küfrü mucip bid'at sergilemiştir**" diye suçlayıp **mürted** ilan edebilir. Bunun örnekleri yüzlercedir. Sünnete bağlılığı, herkes tarafından kabul edilen **Ömer b. Abdülazîz** (ölm.101/720), minberlerden **Ehlibeyt**'e lanet okunması geleneğini kaldırdığında "**sünnete aykırı davranmak**"la suçlanmıştı. Bu suçlamayı yapan zihniyete göre, sünnet, Emevîlerin yerleştirdikleri âdetlerdi; bid'at ise bu âdetlere aykırı hareket etmekti.

Bid'atın Allah ve Resul'de olmayan şeyin ortaya çıkarılması olduğunu kabulde hiçbir zorluk çekmeyiz. Ama sahabîlerin sözlerinde olmayan şeyin bid'at kabul edilmesini olumlu bulmuyoruz. Yani, dinin Allah ve Peygamber'e ilaveten üçüncü bir dokunulmazı daha mı

vardır? Sahabî, beşer değil midir? Beşerse, beşerin tespitleriyle Allah'ın tespitleri aynı değer ve bağlayıcılıkta nasıl tutuluyor?

Bu anlayış, bid'atları eleştireyim derken, tevhidi şirke bulaştırmaktadır. Çünkü ulûhiyetin niteliklerinden bazılarını insana vermektedir.

Âdet ve uygulamaların dinleşmesi olan **bid'at, iki şekilde ortaya çıkar:** 1-Dinde eksiltmeyle 2-Dinde artırmayla.

Bid'atlara baktığımızda daha çok **dinde artırma** (Şâtıbî'nin deyimiyle **'tezeyyüd'**) ifade eden bid' atlarla karşılaşıyoruz. Bunların çoğu da ibadet alanındadır. **Şâtıbî,** bu alandaki artırımın uzun vadede ibadetten uzaklaşma getireceğinin kaçınılmaz olduğunu söylüyor. (el-I'tısam, 1/22,40)

175. Ezanın hoparlörle okunması bid'at mıdır?

Ezan, vahye dayalı bir din emri değildir; namaz vaktinin girdiğini duyuran idarî bir uygulamadır. O halde, bid'at kavramıyla ilgisi olamaz. Takvim ve iletişim imkânlarının sınırsız olduğu günümüzde ezanın "namaz vaktini duyurma" işlevi de kalmamıştır. Geleneksel-nostaljik bir değer olarak insan sesiyle okunması daha yerinde olur.

ULEMANIN İCMAI MESELESİ

176. İslam dünyasında bir konu hakkında âlimlerin icmaı nasıl oluşmuştur? Bütün âlimlerin aynı düşündükleri nasıl tespit edilmiştir?

İbn Hanbel (ölm.241/855), **İbn Hazm** (ölm.456/1063), **Şâtıbî** (ölm. 790/1388) **ve çağdaş düşünür Hallâf'a göre icma' ne aklen mümkündür ne de naklen. İcma' denen şey, sonuçta bir içtihattan ibarettir.**

İcma' (oy birliği, konsensus) ile ilgili geleneksel kabullerin hiç biri tutarlı değildir. İşin doğrusu şudur ki, İslam ümmetine "**din**" adı altında dayatılan şeylerin önemli bir kısmı, "**Bu konuda icma' var, ses çıkarırsan dinin gider!**" söylemiyle dokunulmaz kılınmıştır.

İslam toplumlarına çok pahalıya mâl olan bu dayatmanın serüvenini biz "**İslam Nasıl Yozlaştırıldı**" adlı eserimizde genişçe inceledik. Burada birkaç cümle ile vereceğiz:

Fıkıh usulü dediğimiz metodolojinin bir terimi olarak icma', **"Hz. Muhammed'den sonraki herhangi bir yüzyılda Müslüman müçtehitlerin bir meseleye ilişkin dinsel bir hükümde birleşmeleri"** olarak tanımlanır. (bk. Abdülvahhab el-Hallâf; İslam Hukuk Felsefesi, 225)

Tanımın akla ilk getirdiği şey şudur: İcma', yapıldığı yüzyıl değişince, yeniden ele alınacak ve büyük ihtimalle değişecek olaylar ve meseleler için geçerli bir demokratik mekanizmadır. Fakat ne yazık ki bu tanımı koyan düşüncenin mirasçısı olan kuşaklar ve toplumlar, birçok yüzyıl geçtiği halde icma' edilmiş konuların herhangi birine dokunmamış, tam aksine, dokunmayı yasaklamıştır. İcma', gerçek tanımının tam aksine, **"Müslümanların herhangi bir yüzyılda üzerinde ittifak ettikleri bir meselenin bir daha tartışmaya ve değerlendirmeye alınmaması"** şeklinde tanımlanması gereken bir mekanizma oluvermiştir.

İcma', değişmez din buyruğu anlamına gelmeyen görüşleri tartışma ve değerlendirmede demokratik bir yöntem olarak uygulanabilir. İcma'ın bu anlamda bir yöntem olarak kabulüne katılırız, bir din kaynağı olarak kabulüne ise tevhide aykırı bularak karşı çıkarız.

İcma' dediğimiz, en iyi ihtimalle çoğunluk görüşüdür. Söz konusu meselede her zaman en az bir-iki bilgin dışta kalır ki bu, icma'ın tanımına aykırıdır. Çünkü o dışta kalanların görüşlerinin en iyi ve en isabetli görüş olmadığını iddia etmemiz aklen ve naklen mümkün de-

ğildir. Ve biz biliyoruz ki Kur'an, müminleri, sözü dinleyip de en iyisine uyanlar olarak tanıtıyor (bk. Zümer, 18); daha çok sayıda kafadan çıkan sözü dinleyenler olarak tanıtmıyor. Bunun içindir ki Şâtıbî gibi bazı büyük usulcüler (metodolojistler) icma'ın aklen ve naklen mümkün olmadığı kanaatine varmışlardır.

Biraz daha eleştirel bir bakışla gözlediğinizde şunu da görebilirsiniz: Üzerinde icma' var dedikleri konuların büyük kısmında bilim ve fikir adamları konuşmamış, konuşamamış veya konuşturulmamıştır. Bu gerçeğin vücut verebileceği engeli yok etmek için bulunan yol da ilginçtir: Denmiştir ki: İcma' ille de bir konuda konuşup ittifak etmekle doğmaz; bilginler, susarak da icma'a katılabilirler. Konuşarak katılırlarsa bu açık icma' olur, susarak katılırlarsa bu da **sükûtî icma**' yani susarak oy verme şeklinde olur.

Bir şekilde konuşturulmayan insanların bu susmaları bir fikre katılmaları anlamında bilimsel kanıt olarak kullanılıyor...Doğrusu, bu kurnazlığa engizisyon papazları bile şapka çıkarır...Çağdaş Arap fıkıhçı **Hallâf,** bu oyuna değinirken eleştiri getiriyor ama, fincancı katırlarını ürkütmemek için çok alt perdeden konuşuyor: Onu dinleyelim: "**İcma'ın doğmasında, müçtehitlerden susan olmuşsa onun susması ruhsal ve maddesel birtakım şartlar ve durumlar altında olmuş demektir. Bu şartları ve durumları sayıp dökmeye ve susmanın fikre katılma anlamına geldiğini ispat etmeye imkân yoktur. Susan kimsenin fikri yoktur. Ona, herhangi bir konuda 'Katıldı!' veya 'Ka-**

tılmadı!' şeklinde bir fikir isnat edilemez. İcma' adı verilenlerin çoğu, işte bu şekilde, sükût yoluyla doğmuştur." (Hallâf, 232)

Geleneksel-dayatmacı **icma'** anlayışının Müslümanları nerelere götürdüğüne ilginç bir örnek verelim: Bir din adamı kalkıyor, 20.yüzyılın sonunda "**Dünya dönüyor diyen kâfir olur; çünkü ulemanın, dünyanın dönmediğine ilişkin icma'ı vardır.**" diyebiliyor. Daha korkuncu, bu dediğini, bir üniversitenin rektörü sıfatıyla imza attığı bir kitapla bilimsel (!) yayın olarak dünyanın önüne çıkarıyor. (Bu kitap ve iddiaları hakkında bk. "**İslam Nasıl Yozlaştırıldı**", **İcma'** maddesi)

NİKÂH VE EVLİLİK

177. Evlenmeden önce beraber olmamak erkek için de geçerli midir?

İslam, evlilik dışı cinsel ilişkiyi yasaklamıştır.

178. Dinimizde, Hristiyan bir erkekle evlenmek günah mıdır?

Kur'an'da böyle bir yasak yoktur. Tarih içinde idarî yasaklar konmuştur ve bunlar fıkıh kitaplarına girmiştir.

Kur'an, Müslüman erkeklerin, **Ehlikitap** denen **Hristiyan** ve **Mûsevî** toplumların kadınlarıyla evlenmelerinin serbest olduğunu bildirmekte, ancak Müslüman kadınların Ehlikitap erkeklerle evlenmeleri konusunda bir şey söylememektedir. Geleneksel fıkıh uleması, bu durumu, Ehlikitap erkeklerle evlenmenin yasaklığı anlamında değerlendirmiştir.

Bu değerlendirme, bizzat geleneksel ulemanın benimsediği kurallara aykırıdır.

Temel kural şudur: "**Bir konuda açık yasak yoksa, o konuda serbestlik esastır.**" Kur'an, Müslüman kadınların Ehlikitap erkeklerle evlenmelerini yasaklamadığı için bizim bir haramlıktan bahsetmemiz söz konusu olamaz. Ancak, **Ehlikitap** kadınlarla evlenmenin, âdeta teşvik edercesine, helalliğinden söz edilip de Ehlikitap erkeklerle evlenme konusunda sessiz kalınması, bu ikinci konuda dikkatli ve titiz davranmanın gerekliliğine bir işaret sayılabilir.

Geleneksel fıkıh, belki de o günün toplumsal ve diplomatik koşullarının itişiyle, dikkatli ve titiz davranmaya davet yerine, "**yasaktır**" demiş ve böylece "**Açık nassla yasak getirilmeyen konularda esas olan serbestliktir**" veya "**Aslı ibaha**" diye anılan temel ilkeye ters düşmüştür.

179. İslam'ın akraba evliliğine bakışı nedir?

Bu sorunun cevabı, "**akraba**"dan ne anladığınıza bağlıdır. Kur'an "**akraba evliliği**" diye bir tâbir kullanmaz. Nisa Suresi 23. ayette belirtilenler dışında biriyle evlenmek yasak değildir. O ayet şöyle diyor:

"Size şu kadınlarla evlenmek yasak kılınmıştır: Analarınız, kızlarınız, kız kardeşleriniz, halalarınız, teyzeleriniz, erkek kardeş kızları, kız kardeş kızları, sizi em-

ziren süt anneleriniz, süt kız kardeşleriniz, karılarınızın anneleri, kendileriyle birleştiğiniz hanımlarınızdan doğmuş olup evlerinizde oturan üvey kızlarınız-eğer anneleriyle birleşmemişseniz o takdirde sizin için bir günah yoktur-ve soyunuzdan gelen oğullarınızın karıları. İki kız kardeşi birlikte almanız da size haram kılınmıştır."

180. Müşriklerle evlilik olabilir mi?

Müşriklerle yani Allah'ın varlığını kabul edip de ona ortak koşanlarla evlenmek kesinlikle yasaklanmıştır. Bir müşrik, Allah'a ortak koşmaktan vazgeçip tevhit imanıyla iman etmedikçe, kadın olsun, erkek olsun, onunla evlenilmez: **"Müşrik kadınlarla, onlar iman edinceye kadar evlenmeyin... Müşrik erkeklerle de, onlar iman edinceye kadar evlenmeyin..."** (Bakara Suresi, 221)

181. Başka dine mensup biriyle dini nikâh yapılabilir-mi, resmî nikâh yeterli midir?

Evlenilen kişi hangi dine mensup olursa olsun, **dinî nikâh diye bir şey yoktur.** Nikâh, evliliğin, yaşadığımız toplumun hukuk kurumu tarafından tescilinden ibarettir. **Nikâh bir ibadet değil, bir akittir.** Tüm akitler gibi onun da kamu otoritesinin koyduğu şartlara göre aktedilmesi gerekir. Elbette ki, kişisel tercih olarak, isteyenler, resmî nikâhtan sonra dinsel bir nikâh da kıydırabilirler. Bu bir tercih ve zevk meselesidir.

Esas nikâh, evlenenlerin ve doğacak çocukların kanun önünde haklarını savunup korumayı sağlayan hukuksal akittir.

182. İmam nikâhında imama ve şahitlere gerek var mıdır?

İslam'da **imam nikâhı** diye bir şey yoktur. **Nikâh bir akittir.** Akti, kanunun yetki verdiği kişi ve merciler tescil eder. Türkiye'de kamu otoritesi bu tescil yetkisini muhtarlara, belediyelere, elçiliklere vermiştir.

Kamu otoritesinin, devletin nikâhı tescil yetkisi vermediği kişi ve mercilerin kıydıkları nikâhlar, İslam açısından geçerli olmaz. Çünkü bu sözde nikâhlar, yarın bir problem çıktığında, tarafların mahkeme önünde haklarını istemelerine imkân vermemektedir. Oysaki nikâh aktinin esas anlamı bu hakların savunulabilir hale getirilmesidir. Bunu sağlamayan bir sözde akte, İslam'ın nikâh akti demesi mümkün değildir.

Bizim görüşümüz, nikâh kıyma yetkisinin, resmî din görevlilerine, özellikle **müftülere** de verilmesinin çok yararlı olacağı merkezindedir.

İBADETİN KUR'ANSAL ANLAMI

183. İbadetler için zorlama olduğunu bildiren bir ayet var mıdır?

İbadetler için zorlama getiren hiçbir ayet yoktur. Çünkü **zorlama** ile **ibadet** kavramları birbirine zıttır.

184. Dinde hiç yer almayan veya miktarı dinde gösterilenden çok olan ibadetler yüceltici midir? Başka bir deyişle, "daha çok ibadet" tutkusu nereden kaynaklanıyor?

Bir kere şunu bilelim: **Daha çok ibadet arzusu başkadır, daha çok ibadet tutkusu başkadır. Daha çok ibadet arzusu,** samimi bir arzudur ve o arzunun bizzat kendisi, sahibini ibadet şovu yapmaktan alıkoyar. **İbadet tutkusu** ise marazî bir haldir ve sahibine şov yaptırır.

Bu şova engel olmak ve şovcuların açtıkları yaradan ibadet

arzusu taşıyanların zarar görmesini engellemek için tek yol vardır: **İbadetin, özellikle "daha çok ibadet"in, insanlar nezdinde bir seçkinlik ve itibar aracı olmasını engellemek...** Bu yapılırsa şovcu şov yapamaz, gerçek dindar ise rahat eder. Ve ibadet, kendisinden beklenen sonucu verir.

Bunun aksi yapılır, ibadet bir toplumsal-ekonomik yükselme ve itibar görme aracı haline getirilirse **riya** din hayatını kaplar. Bunun sonucu, yapay ibadetler icat edilmesi veya bilinen ibadetlerin ilaveler, zorlaştırmalarla "**daha çok itibar sağlayıcı**" hale getirilmesidir. **Şâtıbî** bu noktayı ona yakışır bir ferasetle yakalamış ve çok güzel de ifade etmiştir. Diyor ki: "**Birçok mendup (zorunlu olmayan, edep tavrına uymak için yapılan), ısrar yüzünden vâcipe (yapılması zorunlu) dönüşmüştür...**" (Muvafakât, 3/332)

Haftada iki yüz rekât "**tespih namazı**" (!) kılmak bir tür velilik göstergesi yapılırsa tespih namazcılığı başını alır gider ve bir süre sonra da tespih namazı İslam'ın bir şartı gibi algılanır hale gelir.

Bunun varacağı yer, birçok farzın terk yüzünden mubahlaşması yani serbest hale gelmesidir. Çare, çok ibadet etmeyi kullar arasında bir üstünlük ve seçkinlik belgesi olmaktan çıkarmaktır.

İbadetin belirleyeceği üstünlük Allah ile kul arasında kalmalıdır. Bizler, insanları kamuya, insan haklarına ilişkin tavırlarına bakarak değerlendirmeliyiz. Çünkü

o alanda riyâkarlık ve bedavacılık işlemez. Bir değer ya vardır, ya yoktur. Bir adam imzaladığı çekleri ya ödüyordur, yahut da ödemiyordur. Bu ödemenin sahtesi, şov aracı yapılanı olmaz. Ama bir adam namazı gerçekte kılmadığı halde kılıyor görünebilir, orucu gerçekte tutmadığı halde tutuyor görünebilir. Ağzıyla "Allah" derken zihniyle şeytan diyebilir.

Bu hal önce âdetleşir sonra da dinleşir. **Âdetler dinleştikçe din de âdetleşir.** Bunun sonu dinin tahribi ve saygınlığının yok olmasıdır.

HAC VE UMRE

185. Hac ne zamanda yapılabilir? Yılda kaç günlük bir süresi vardır?

Şevval, Zilkade, Zilhicce aylarının herhangi bir gününde haccınızı yapabilirsiniz. Kur'an, Bakara Suresi 197.ayette haccın bu aylar içinde yapılabileceğini açık ve tartışmasız bir biçimde bildirmiştir. Haccın, kurban bayramına denk gelen iki gün içinde yapılması gerektiğini söylemek Kur'an 'a açıkça aykırıdır. Haccın herhangi bir şartının o iki günle kayıtlandığını gösteren bir Kur'an beyanı yoktur.

Haccın temel şartları **ihram, Kâbe**'yi ziyaret yani tavaf ve **Arafat**'ta **vakf**edir. Diğerleri ayrıntı ve geleneksel uygulamadır.

186. Ekonomik sıkıntılar had safhadayken, hacca gitmek yerine muhtaçlara yardım yapmak mümkün değil midir?

Sadece mümkün değil, makbuldür de...Ancak bu bir bilinç, irfan ve insan sevgisi meselesidir. Yasak koymakla olmaz.

187. Borçlu olanlar hacca gidebilir mi?

Borçlu olanlar hacca gidemez. Çünkü borçlu olmamak haccın şartlarından biridir. Borçlu olmamayı bireysel düşünmek ise Kur'an'ın ruhuna uymamaktadır. Eğer ülkeniz borç içindeyse hacca gitmemeniz gerekir; en azından en iyisi gitmemektir.

Kısacası, benim Kur'an'dan anladığım odur ki **Türkiye gibi ülkeler için haccın Kur'ansal şartları doğmamıştır.**

Ancak, ülkede bir yığın insan maç seyretmek, istakoz yemek, alışveriş yapmak için akın akın yabancı ülkelere giderken, hacca gidenlere sataşmak insanî ve aklî bir tavır olarak algılanmaz. Borç içinde yüzen ülkemizin bu çarpık tablosunu bir bütün olarak değerlendirmek gerekir. Bunun ilk şartı da ülkede, halkın güvenini tam sağlamış, dirayetli, güçlü devlet adamlarının iş başına gelmesidir.

188. Hacda şeytan taşlamak farz mıdır?

Şeytan taşlama diye bir farz yoktur. Bu, geleneksel bir uygulamadır.

189. Tavaf, Safa ve Merve arasında gidip gelme haccın farzları mıdır?

Kâbe'nin etrafında tavaf haccın temel şartıdır. **Safa** ile **Merve** adlı iki tepe arasında koşmak (**sa'y**) diye bir şart yoktur. Bu bir gelenektir. Kur'an, bu geleneği yaşatanların günah işlemediklerini söylemiş (bk. Bakara, 158), ama bu geleneği yaşatmanın gerekliliğine ilişkin bir beyanda bulunmamıştır.

İsteyen, imkân ve güç bulursa o tepeler arasında koşabilir; ama koşmaz ise haccı eksik kalmaz.

190. Kadın, komşularıyla hacca gidebilir mi?

Güvenlik problemi yoksa tek başına bile gidebilir.

Kadının, yanında mahremi olmadan hacca gidemeyeceği yolundaki fıkıh kuralları dinsel değil güvenlikle ilgili yönetsel yasaklardır.

CİNLER VE CİN TASALLUTU

191. Cin nedir?

Cin, gözle görülmeyen varlık demektir. Cinler şuurlu varlıklardır. Cin sözcüğünün anlamını esas alarak gözle görülmeyen **melek, şeytan, uzay varlıkları, mikroplar** vs. nin tümünü cin kavramı içine sokmak mümkündür. Kur'an, bu varlıkların **ateş**ten yaratılmış olduklarını söylemektedir.

Kur'an'a göre, şeytan da ateşten yaratılmıştır.

Altı çizilmesi gereken şudur: **Kur'an; evrende, gözle görülmeyen, şuurlu, birçok hüneri olan insan dışı varlıkların bulunduğunu bildirmekte ama bunlar hakkında ayrıntılı bilgi vermemektedir.**

Cinler hiç kimseye musallat olmaz, hiç kimse hiç kimseyi cinlerin tasallutundan kurtarmak gibi bir görev yapamaz.

Cinler gaybı asla bilmez.

192. Cinler vesvese verebilir mi?

Vesvese veren şeytandır. Cinlerin **vesvese** verdiğine ilişkin vahye dayalı bir kanıt yoktur.

193. En'am 128. ayetten, cinlerin insanlara zarar verebileceği anlamı çıkar mı?

Çıkmaz. O ayette, insanların cinlere yani görünmeyen bazı varlıklara tapmaları yüzünden uğradıkları zararlara değinilmiştir.

Kısacası, **Kur'an, cin tasallutu diye bir şey kabul etmez.**

Cinler insana musallat olmaz ve edilemez. Onun için insanların cin tasallutundan kurtarılmalarını uğraş edinen bir bilim veya meslek söz konusu olamaz.

Üçüncü Bölüm

ÇEŞİTLİ SORULAR

ÇEŞİTLİ SORULAR

194. Kasas 42. ayetteki "Firavun'un peşine lanetin takılması", bu dünyada lanet ile anılması mıdır?

Bu ifade Firavun ve benzeri insan hakları düşmanlarının lanetle anılmalarının ortak-evrensel bir insanlık geleneği olduğunu göstermektedir.

195. Evlilik dışı tüm ilişkilerin "zina" olduğunu söylüyorsunuz. Cinsellik içermeyen duygusal ilişkiler de buna dahil midir?

Zina kavramı sadece cinsel ilişki için kullanılır.

196. İstihâre (rüyaya yatma veya birini yatırma) ile iş yapılabilir mi?

İstihare Kur'an'da yer almayan geleneksel bir uygulamadır.

İstihâre, işleri ilham ve rüyaya havale etmenin yoludur.

Oysaki **rüyaların ve ilhamın kanıt olmadığı, İslam inancının temel söylemlerinden biridir.** İstihâre ile gerçek ve mutluluk yakalanabilseydi, İslam dünyası yeryüzünün en mutlu ve başarılı ülkelerini barındırırdı. Durum bunun tam tersidir.

Kur'an, gerçeği ve mutluluğu yakalamanın yolu olarak çalışmayı göstermiştir, istihâreyi değil.

197. "Âdem'in çocukları" ile ne kastedilmektedir?

Âdem'in çocukları deyimi bir babanın çocukları anlamında değil, insan soyu anlamındadır. Kur'an, insan soyunun nasıl ürediğini açıklamamıştır. Bunun için, **Âdem**'in çocukları meselesinde ayrıntı istemenin pratik bir anlamı yoktur.

198. Mastürbasyon günah mıdır?

Zorunlu hallerde, sağlığa zararlı noktaya getirmemek koşuluyla haram değildir.

199. Allah'ı Tanrı diye anmak eleştiriliyor, ama siz Tanrı diye yazabiliyorsunuz. Hangisi doğrudur?

Tanrı, Türk dilinde Allah demektir. **Hacı Bektaş Veli, Yu-**

nus Emre, Süleyman Çelebi ve benzerleri birçok Müslüman düşünür ve ozan bu kelimeyi bol bol kullanmışlardır. Hatta, andığımız kişiler, örneğin "**çalap**" sözcüğünün de sıkça kullanırlar ki o da Tanrı demektir.

Yaratıcı'yı anmayı ve ona yakarmayı **Arapça**'ya özgülemek dine ve akla ters düşmek olur. Allah yerine Tanrı sözcüğü kullanılmaz söylemi, son yıllarda ortalığı saran "**dinde Arap dil ve örfünü egemen kılma**" şeklindeki siyasal operasyonun bir uzantısıdır. Buna karşı çıkmak için "**Tanrı**" sözcüğünü daha sık kullanmak, öyle inanıyorum ki, Allah'ın rızasına daha uygun olur. Çünkü bir hurafenin dışlanmasına destek vermek dinin özendirdiği bir tavırdır.

200. Nur Suresi 36. ayette geçen "kandil" Kur'an-ı Kerim anlamına mı gelmektedir?

Kandilin hangi mecazî anlamda kullanıldığına ilişkin kesin hüküm vermek bugünkü bilgilerimizle mümkün değildir. Ancak ayetteki mecazî anlam birden çok olabilir ve bunlardan biri de Kur'an olabilir.

201. Sâd Suresi 32. ayette Hz. Süleyman, "Servet sevgisini Rabbimi anmak için benimsedim." diyor. Peygamberimizin hayatında ise tam tersi bir çizgi var. Bu farklılığı nasıl anlamalıyız?

Servet amaç değil, araç olarak anlam ifade eder. Bu araçtan yararlanıp yararlanmamak kişinin tercihine bırakılmıştır. Bu ilke Peygamberler için de geçerlidir.

202. Havâs (seçkinler sınıfı) ve havâs ilmi (seçkinlere özgü özel-sırrî bilgiler) nedir, böyle bir ilimle uğraşmak câiz midir?

Bu tâbir de bu ad altında oluşturulan bilgiler de tümden hurafedir, İslam dışıdır; **Yahudi** kaynaklıdır.

203. Zülkarneyn uzaya doğru bir seferde bulunduğu doğru mudur?

Adı Kur'an'da geçmekle birlikte (bk. Kehf Suresi, 83-98) **Zülkarneyn** hakkında ayrıntılı bilgilere sahip değiliz. Uzaya seyahat eden ilk kişi olduğu yolundaki görüş doğru olabilir.

204. Herhangi bir işe başlarken, Besmele ile başlamak ne anlama gelir?

Besmele çekmek, Allah'a, dürüst ve merhametli davranacağımıza ilişkin söz vermekten ibarettir. Bunun sesli-sözlü olması gerekmez. Bu bir iman, bağlanma ve azim meselesidir.

205. Ulül emre itaat gerekir deniyor. Ulül emr denen kişiler sapık olsalar da mı?

Kur'an, bizim **seçtiğimiz** ulül emre itaati emretmektedir. Seçerken doğru seçmeyenler, elbette ki sonradan suçu başkasına yükleyemezler. **Krallık, saltanat** vs. türü sistemlerdeki seçimle gelmeyenlere itaat diye bir şey zaten söz konusu değildir.

206. Ellerimizin kazandığı dışında bize dokunan kötülükler Allah'tan mıdır?

Ellerimizin kazandığı dışında kötülük yoktur ki bunun Allah'tan gelip gelmediğini tartışalım.

Allah'tan kötülük gelmez. Ancak kötülüğe vücut veren kanunları Allah yaratır.

İnsanın sorumluluğu bahsinde **kurallar Allah'ın, eylemler bizimdir.**

207. Erkekler açısından altın takmanın mahiyeti nedir?

Erkeklerin altın kullanmasını yasaklayan bir Kur'an ayeti yoktur. Bu demektir ki İslam dininde böyle bir **haram** söz konusu değildir.

Peygamberimizin böyle bir yasak koyduğu yolundaki rivayet ise dinsel anlamda bir "**haram**" olarak alınamaz. Çünkü Kur'an'a göre, **haram koyma yetkisi sadece Allah'ındır.**

Eğer rivayetler doğru ise ve Peygamberimiz böyle bir yasak koymuşsa, bu, yönetici yetkisiyle konan ve gerekçesi ekonomik veya diplomatik olan yerel ve zamanla kayıtlı bir uygulama olur.

Bu tür yasaklara dinde "**mekruh**" yani hoş görülmeyen-çirkin şey denir.

208. Allah, her hangi bir kuvvetin insana zarar vermesine izin verebilir mi?

İsterse elbette verir. Ama böyle bir istek taşımadığını bildirmiştir.

Allah şer ve kötülüğü istemez. Ancak şer ve kötülüğü isteyenlerin bu sonuçlarla karşılaşmasını sağlayan kanunları Allah koyar.

209. Hz. Mevlâna neden secdedeyken döndü?

Mevlâna Celaleddin Rûmî'nin nerede nasıl döndüğünü bilmiyoruz; bilsek de bu bizi bağlamaz. **Mevlâna**'nın veya başka bir ünlünün herhangi bir hareketi din buyruğu değildir, bir insanın tercihidir.

210. Anne karnında 4-5 aylık iken özürlü doğacağı kesin olarak anlaşılan bir çocuğun yaşamına son vermek dinsel açıdan nasıl yorumlanabilir?

Özürlü doğacağı bilinse de bir çocuğun yaşamına ana karnında son vermek, İslam açısından baktığımızda, tartışmasız bir cinayettir.

211. Affolunmayacağı belirtilen günahlar var mıdır?

Ölümden önce tövbe etmek şartıyla affedilmeyecek hiçbir günah yoktur.

212. Allah, insanları hangi sebepten dolayı yaratmıştır?

Kur'an'a göre, Allah insanları iş yapıp değer üretsinler ve Allah'a **ibadet** etsinler diye yaratmıştır. (bk. Zâriyât Suresi, 56) Esasen ibadetin kelime anlamı da iş yapıp değer üretmek ve çalışmaktır.

213. Denize girmek günah mıdır?

Denize girmek ve yüzmek günah olmak şöyle dursun, sünnettir. Peygamberimiz, ana-babaları, çocuklarına **yüzme** öğretmeye teşvik etmektedir.

214. Kişi cünüp iken yemek yiyebilir, su içebilir mi?

Cünüplük; namaz kılmak, Kâbe'yi tavaf etmek dışında hiçbir şeye engel değildir. Bazı din bilginleri cünüplüğün Kur'an'ı elle tutarak okumaya da engel olduğunu söylemektedir.

Esasında, bir Müslüman cünüp ise, yapacağı ilk iş gidip yıkanmaktır. Su bulamıyor veya bir mazereti yüzünden suyu kullanamıyorsa **teyemmüm** etme imkânı doğacağından sorun bu yolla çözülmüş olacaktır. Su ve suyu kullanma imkânı varsa kişi hemen yıkanacaktır. Bunun içindir ki, "**Cünüp insan Kur'an okuyabilir mi?**" şeklinde bir sorunun pratik hiçbir anlamı yoktur.

215. Kur'an'da başörtüsü, zînet, zînet sözcükleri var mıdır?

Kur'an'da **baş örtüsü** (hımar) ve "**zînet** (süs, takı) sözcükleri vardır. (bk. Nur Suresi, 31) "**Zînet yeri**" tâbiri ise Kur'an'da yoktur.

216. Hûd Suresi 15. ayette geçen iğreti hayattan ve

onun süsünden ne kastedilmektedir?

Bu ayet ve daha birçok ayetteki "**iğreti-âdi hayat**" (el-hayât ed-dünya) deyimiyle insanın evrendeki seçkin yerine ve değerine yakışmayan hayvansal arzular, sefil duygular ve bunları tatminde kullanılan araçlar kastedilmektedir.

217. Enfal 41. ayette bahsedilen "ganîmet", helal kazanç mıdır?

Ayette geçen tâbir, "**elde ettiğiniz kazanç**" şeklindedir. Bunu, **harpte elde edilen ganîmet** olarak dondurmak geleneğin uygulamasıdır.

Meşru savunma şartlarına uygun olarak yapılmış bir savaşta elde edilen ganimetler elbette ki helaldir. Ancak böyle savaşlar yok denecek kadar azdır.

İslam tarihinde ganimetleri tartışmasız helal olan savaşlar, sadece Peygamberimizin komutanlığında gerçekleşmiş olan savaşlardır. Bunun dışındaki savaşların durumunu ayrı ayrı tartışmak gerekir.

218. Bir kişinin alkol almasından sonra 24 saat geçmedikçe alacağı gusül abdesti geçerli midir?

Gusül abdesti ile alkol ve sarhoşluğun hiçbir ilgisi yoktur.

219. Bizim yaptığımız yanlışlardan ölülerimiz (örneğin ebeveynimiz) sorumlu mudur?

Ölüleriniz sizin yaptıklarınızdan sorumlu değildir.

220. Domuz eti ve alkol kesinlikle haram mıdır, haramsa niçin haramdır?

Domuz eti ve **alkol** kesinlikle haramdır. Ve bunun kısa cevabı "**Allah yasakladığı için haramdır**" şeklindedir. Uzun ve gerekçeli cevabına gelince, bu cevap tıp ve biyolojı ile uğraşanların vereceği bir cevaptır. Bir ilahiyatçı olarak benim bileceğim şudur: Allah bunları yasaklamıştır ve bu yasakta pek çok hikmet ve yarar vardır.

Gerekçeleri ve bilimsel hikmetleri uzmanlarınca açıklansın ama şunu anlamak herkes için çok kolaydır: Allah, kullarını bir tür genel diyete tâbi tutmaktadır. Çünkü **Kur'an, bir genel ilke olarak, gıdalarla kişilik ve ruhsal yapı arasında ilişki bulunduğuna dikkat çekmektedir.** (bk. Müminûn, 51)

221. Bilerek oruç bozmanın kefareti nedir?

Kur'an, orucu bozma konusunda bilerek bozma-bilmeyerek bozma diye bir ayrım yapmamaktadır. O ayrım, sonraki zamanlarda fıkıhçıların bazı rivayetleri yorumlayarak yaptıkları bir ayrımdır.

Orucunu tutmamış veya tutamamış olanlar, tutmadıkları gün sayısında orucu başka bir zamanda tutarlar. Başlamış olduğu orucunu bozmuş olanların 61 gün aralıksız oruç tutmaları gerektiği yolundaki kuralın Kur'an'da yeri yoktur. Orucunu şu veya bu sebeple bozmuş olan kişi o günü veya günleri sonradan kaza eder. Yani gününe gün olmak üzere sonradan tutar; Allah'tan da affını diler.

222. Büyü, hayatımıza etki edebilir mi?

Büyü etki eder. Esasen büyünün esası da etkiden ibarettir. Ancak hiç kimse büyü ile sizin hayatınızın akışını değiştiremez. Böyle bir şeye inanmak, Allah'ın gücünü ve insanın sorumluluğunu inkâr etmek olur.

223. Ezan okunurken iş yapmak günah mıdır?

Ezan okunurken iş yapmayı yasaklayan hiçbir İslamî buyruk yoktur.

Ezan bir ibadet değil, bir çağrıdır. Namaz vaktinin girdiğini (çıkmak üzere olduğunu değil) bildirir. Kaldı ki **çalışmak** zaten ibadet cümlesinden olduğu için ezanı ibadet saysak bile ezan okunurken çalışmak yasaktır diyemeyiz. Çünkü çalışmak da ibadettir. Hem de en ileri anlamda ibadettir.

Dahası var: Kur'an'daki ibadetin kelime anlamı, iş yapıp değer üretmektir. İş yapıp değer üretmekte olan kişi, buna çağrıyı duyunca işini neden bıraksın? Yaptığı iş, değer üretmek değil de kötülük ve zarar üretmekse ezan onun için zaten hiçbir anlam ifade etmeyecektir. Ha durup dinlemiş, ha devam etmiş...

224. "Essalâtü vesselamü alâ seyyidina Muhammedin ve âlihî ve sahbihî ecmaîn" cümlesinin Türkçesi nedir?

Bu cümlenin Türkçesi şudur: **"Salât ve selam, Peygamberimiz Hz. Muhammed'e, bütün ailesine ve bütün arkadaşlarına olsun!"**

225. Mürselât Suresi 30'da bahsedilen "üç çatallı gölge" ne veya neresi olabilir?

"Üç çatallı gölge" ile ilgili olarak şu anda kesin bir bilgimiz yoktur. Bu konuda müfessirlerin yorumları ise bilimsel kesinlik arz etmeyen kişisel görüşlerdir.

226. Allah'ı kim yaratmıştır?

Allah, **vâcibül vücut** yani varlığı başkasına dayanmayan

kudrettir. Ve böyle bir varlık olduğu için "**Allah**" olmuştur. Bu yüzden Allah'ı kim yarattı diye sormak anlamsızdır.

Allah, varlığında bir başka şeye muhtaç olmayan varlıktır. "**Peki bu nasıl oluyor?**" denirse bunun cevabı şudur: Bundan ötesini insan aklı çözemez. Orası iman ve teslimiyet alanıdır. Ya inanır teslim olursunuz, ya inanmaz sonucuna katlanırsınız.

İman ve imansızlığın, varlık ve oluş karşısında bir anlamda bir tercih görünümü arzetmesi bundandır. Büyük çoğunluk bu tercihi, Allah'ın varlığına iman yönünde yapmıştır. Ve bana göre de akıllı yol budur. Çünkü iki ihtimalden biri söz konusudur: 1.Allah vardır, 2.Allah yoktur. Eğer varsa, inkâr edenler perişan olur. Eğer yoksa iman edenlerin hiçbir kaybı olmaz. (Bu tespit, **Hz. Ali**'nin bir sözünden esinlenerek yapılmıştır).

227. Kâinatın yaradılış sebebini Allah-şeytan-Âdem üçgeni bağlamında anlatır mısınız?

Allah-şeytan- Âdem üçgeni ile ilgili tüm anlatımlar, insanın ve varlığın bağlı olduğu **zıtlık** ilkesinin veya **diyalektiğin** sembolik bir dille ifadesidir. Kur'an bu anlatımlara sembolik anlatım anlamında "**müteşâbih**" demektedir.

Evrenin tam olarak ne için yaratıldığını ancak onu Yaratan bilir.

228. Başına sizin geçeceğiniz duyurulan ve tamamen dinsel yayın yapacağı söylenen televizyon kanalı "Kanal-18"ne zaman açılacaktır?

Duyurulan bu kanal, tam yayına geçmek üzereyken, şu anda dile getirmek istemediğim sebeplerin ve odakların baskısıyla hayata geçemedi. Ancak bütün bunlar girişimin bittiği ve işin iptal edildiği anlamını taşımıyor. Cenabı Hak-k'ın muradı varsa, şimdilik "**beklemeye alınan**" bu proje, yeniden hayata geçer.

Bekleyelim ve görelim!

Şimdilik söyleyebileceğimiz bu kadar...

229. Semûd ve Âd kavimlerinde yüksek binaların oluşu ileri teknoloji anlamına mı gelir?

Gelir diye hüküm veremeyiz; ancak bu anlama **gelebilir.** Bu kavimlerle ilgili bilgiler o devirlerde de ileri bir teknolojinin var olduğunu düşündürücü niteliktedir.

230. Deniz mahsulleri yemek helal midir?

Deniz mahsullerinin tümü helaldir. Yöresel, geleneksel çekimserlikler **haram**lık ifade etmez; renk ve zevk meselesi olur.

231. Sapıklık sergilemiş kentlerin ses ve titreşimle (sayha) yok edilmeleri bir deprem olgusu mudur?

Deprem dışında bazı doğal âfetler de söz konusudur. Yok edilmiş toplumların bir kısmının bu doğal âfetlerle batırıldığını Kur'an'dan öğreniyoruz.

232. Yüzde 2.5 olan zekât, en az %20 olan vergiden nasıl fazla olabilir?

Bu, bazı durumlarda olabilir; çünkü zekâtta esas olan varlık kalemleri vergide esas olanların birkaç katıdır. Ancak şunu da unutmayalım: Kur'an zekâtın miktarından söz etmez. Miktar, **içtihad**îdir. Yani zaman ve zeminin şartlarına göre, o miktar kamu otoritesince belirlenir.

233. Kur'an'da bazı kişilerin sağır-dilsiz, kör gibi nitelemelerle anılması nedendir?

Kur'an'da bazı kişilerin sağır ve kör gibi nitelemelerle anılması, sergiledikleri olumsuzluklar sebebiyle, ruhsal yönden o hale gelmiş olmalarını ifade eder.

234. Âdem'in annesi kimdir?

Hz. Âdem topraktan yaratılmıştır, annesi veya babası söz konusu olamaz. **Hz. İsa** ile ortak yanları ikisinin de babasız oluşudur.

235. Metafizik ve telepatiye inanıyor musunuz?

Telepati ve metafizik bir gerçektir. Ancak tüm gerçekler gibi bunların da istismarı, saptırıcıları, şarlatanları vardır.

236. Âdem ile eşine cennetten çıkıp yeryüzüne inme emri verilirken "Bir kısmınız bir kısmınıza düşman olarak inin!" (A'raf, 24) deniyor, yani emirde çoğul kip kullanılıyor. Neden?

Burada, Hz. Âdem ile eşinin kişiliklerinde onlardan üreyecek tüm kuşaklara yani insanlık camiasına hitap edildiğine işaret vardır.

237. İslam'da şekil var mıdır?

Kur'an dininde şekil, vahyin belirlediği kadarıyla vardır. Ve o kadarıyla makbuldür.

238. İblisin etkilerinden uzak kalabilir miyiz, yoksa sürçme kaçınılmaz mı?

Sürçme kaçınılmazdır. İnsan olmak, bir anlamda sürçmelerle beraber olmak demektir. Çünkü insan tekâmüle mahkûm ve mecbur bir varlıktır. Ve **tekâmül,** sürçme olmadan olmaz. Tekâmülün olmazsa olmazı sürçmedir. Bu böyle olduğu içindir ki Cenabı Peygamber "**Hiç günah işlemeseydiniz Allah sizi yok eder yerinize günah işleyen bir topluluk getirirdi.**" (bk. Müslim, tevbe 11; Tirmizî, cennet 2, daavat 98; İbn Hanbel, 1/289, 2/5, 414) buyurmuştur.

Din dilinde **günah,** günlük dilde **sürçme,** sapma, yanlış yapma vs. sözleriyle ifade ettiğimiz şeyin ta kendisidir.

Kısacası, önemli olan, yanlışları egemen kılmamak ve yanlışa karşı mücadeleyi durdurmamaktır. **Yanlışsız bir hayat, günahsız bir din arayanlar, insan ve hayat gerçeğiyle çelişir, çıkmaza girerler.**

239. Kur'an'da uzaylılar hakkında bilgi var mıdır?

Kur'an'dan anlaşılan, uzayda insan dışında canlıların var olduğudur. Kur'an bunları "**şuurlu varlıklar**" anlamındaki "**men**" sözcüğü ile karşılamakta, bu konuda başka açıklama getirmemektedir. (Önek olarak bk Âli İmran, 83; Yûnus, 66; Ra'd, 15; İsra, 55)

240. Kur'andaki İslam'ı hangi kaynaklardan okuyabilirim?

Kur'an'daki İslam'ı öğrenmek için; **Muhammed İkbal, Muhammed Hamidullah, Fazlurrahman, Hüseyin Atay, Mehmet Aydın** gibi İslam bilginlerinin eserlerini güvenerek okuyabilirsiniz. Hepsinden önemlisi, **Kur'an Me-**

ali'ni tekrar tekrar, düşüne düşüne okuyun.

241. Deniyor ki, Allah'ın bizim ibadetimize ihtiyacı yoktur. O zaman niçin ibadet ediyoruz?

Herhangi bir şeye ihtiyaç duymak Allah'ın niteliklerine aykırıdır. Allah, kendisine ibadet edilmesine de muhtaç değildir. İbadetler bize; düşünce, üretim, paylaşım, kaynaşma, kucaklaşma ve Yaratıcı ile gönül bağımızı canlı tutma imkânı vermek ve bu yolla daha mutlu yaşamamızı ve daha hızlı **tekâmül** etmemizi sağlamak içindir.

242. Ruhumuz nereden geldi?

Ruh hakkında ayrıntılı bilgilere sahip değiliz. Esasında insanlık hiçbir zaman bu bilgilere sahip olamayacaktır. Ruh hakkında bize çok az şeyin bildirildiği Kur'an'da açıklanmıştır. (bk. İsra, 85)

Sahip olduğumuz bilgiler ışığında şunları söyleyebiliriz:

Ruhumuz Yaratıcı'dan gelmektedir. Kur'an'ın deyimiyle ruh, Allah'tan bir nefes, Rabbin emrinden bize ulaşan bir tür akımdır. (bk. Hicr, 29; İsra, 85)

Ruh, tüm hayat enerjisinin bir tür ana trafosu olan Yaratıcı'dan, mertebe mertebe ve derece derece tüm canlılara bir akım halinde ulaşır. Varlığın takdir edilen ömrü bitince, ana trafodan gelen enerji kesilir, geri çekilir. Biz buna **ölüm** deriz.

243. "Mehdî'nin geleceği söyleniyor. Doğru mudur?

Mehdî diye biri gelmeyecektir. İslam'ın böyle bir beklentisi yoktur. Işık olarak gelecek olan gelmiş ve Kur'an'da toplanmıştır.

"**Mehdî**" inancı İslamiyet'e Hristiyanlık'tan girmiştir. İslam'da yeri yoktur. Kur'an ve Hz. Peygamber dışında mehdî arayan hüsrana uğrar. (ayrıntılı bilgi için bk. "**İslam Nasıl Yozlaştırıldı**", Mehdî maddesi)

244. Ateistlerin sürekli üzerine gittikleri, "Allah dilemezse siz dileyemezsiniz. Allah dilediğini doğru yola iletir, dilediğini saptırır." ayetleri hakkında ne düşünüyorsunuz?

Bu ayetler bütün oluşların Allah'ın koyduğu varlık kanunları içinde vücut bulduğunu gösterir.

Varlık ve oluşun kanunlarını Allah koyar ama kötülüğü insan üretir.

İşin esası şudur: **Biz, Allah istediği için kötülük yapmı-**

yoruz; Allah bizim kötülük yapacağımızı önceden biliyor. Çünkü koyduğu kanunlar karşısındaki tavırların hangi sonuçları doğuracağını biliyor.

Allah bildiği için biz yapmıyoruz, biz yaptığımız veya yapacağımız için Allah biliyor.

245. Sabırlı olmayı nasıl başarabiliriz?

Sabır, Allah'ın sevgisini, yardım ve desteğini sağlamada en önemli araçlardan biridir. (bk. Bakara, 45,153) Kur'an, sabrın bu niteliği üzerinde ısrarla durmaktadır. Sabır, başarının temel anahtarıdır.

Sabırlı olmayı başarmak için öncelikle bilgi sahibi olmak gerekir. **Sabır,** yolun ilerisini, hatta sonunu görebilenlerin tavrıdır. Görebilmek için öncelikle bilgi gerekir. İkinci olarak, merhametli, paylaşımcı olmak da gerekir. Kısacası, sabırlı olmak için varlık ve insanlığa, Allah'ın gözüyle yani **rahmet,** bağış, **basîret** ve hikmetle bakmak gerekir.

246. Dolgu dişi olanlar normal gusül abdesti alamaz mı?

Sağlığın korunması İslam'ın kesin emridir. Gusül abdesti de İslam'ın emridir. O halde bir Müslüman sağlığını korumak için dişlerini dolgu yaptırabilir ve bu onun **gusül** abdestine asla engel olmaz.

Filan mezhebe göre dişler dolgu yapılmaz demek, bu açık emre karşı çıkan bir hurafe saçmalığıdır. İslam'ın bir emri, herhangi bir mezhebih sübjektif kabulleriyle saf dışı edilemez. Edilir diyenler mezhebi dinleştirmiş ve böylece şirke yuvarlanma tehlikesiyle yüz yüze gelmiş olurlar. Uyarılmaları, tövbeye çağrılmaları gerekir.

247. Sünnet olmanın Kur'an'da yeri var mıdır?

Halk arasında sünnet veya sünnet olmak denen cerrahî operasyonun Kur'an'da yeri yoktur. Bir Ortadoğu örfüdür.

248. İnsanlar niçin farklı yaratılmıştır, hikmeti nedir?

Hayat ve insanın tekâmülü **zıtlık,** çelişme ve **diyalektik** üzerine kuruludur. Farklılık ve çeşitliliğin kaçınılmaz oluşu bundandır. Tüm farklılıkları, zıtlıkları, çeşitlenmeleri yok sayıp tüm insanları aynı ruh ve beden yapısı içinde düşünün, hayatın ne kadar anlamsız ve çekilmez olduğunu anlar, sorunuzun cevabını en iyi biçimde bulursunuz.

249. Nuh Tufanı'ndan önce dünyada büyük bir teknolojinin var olduğu doğru mu?

Nuh tufanından önce büyük bir medeniyetin olabileceğini düşündüren ayetler vardır. Hz. Nuh'un gemisinin yapılışını anlatan ayetler de böyle düşünmeye itmektedir. Ancak bu konuda hüküm vermeye esas olacak kesin bilgilere bugün için sahip değiliz.

250. Peygamberimiz, giydiği Arap kıyafetini, acaba Allah'tan aldığı bir emirle mi düzenlemiştir?

Kıyafetin din ve sevapla bir ilgisi yoktur. Hz. Peygamber yaşadığı toplumun giydiği gibi giyinmiştir. Onun en yakın dostlarından biri olan **Ebu Bekir** ile en zorlu düşmanı olan **Ebu Cehil** aynı kıyafeti giyiyorlardı. Hz. Peygamber de aynen onlar gibi giyiniyor, aynen onlar gibi sakal bırakıyordu.

Sünnet olan işte budur. Yani giyim-kuşamda sünnet, yaşadığınız toplumun giyim-kuşamını esas almaktır. Bunun tek istisnası, vahyin müdahale ettiği hususlardır. Vahyin, **Arap kıyafeti** giyilecek şeklinde bir emri olmadığına göre (ki böyle bir emir olsa, İslam'ın evrenselliğinden söz edemezdik) herkes yaşadığı zamanın ve toplumun ölçülerine veya kendi tercihlerine göre giyinebilir.

251. Baş örtüsü takmayan kadın günaha girer mi?

Abdest organları (dirseklere kadar eller-kollar, ayaklar, saçlar) örtünme emrinin dışındadır. Bu yerleri örtmeyenler haram işlemiş olmazlar. **Takvada** titizlik gösterip örtenlere gelince bu onların kendi tercihleridir. Tercihlere saygı duyulur ama tercihler dinleştirilemez.

252. Bir insanın isminin mutlaka Kur'an'da geçmesi gerekir mi?

Böyle bir gereklilik yoktur. Kur'an böyle bir şeyden asla söz etmez. İsim, kişinin kendi tercihidir. Ancak Hz. Peygamber vahyin değerlerine, insanlığın evrensel kabullerine, ortak insanlık ideallerine aykırı anlam taşıyan isimleri değiştirmiştir. Örneğin **Abdüşşems** (Güneş'in kulu), **Harb** (savaş), **Abdülkelb** (köpeğin kulu) vs. gibi adları değiştirmiştir.

Böylesi kötü ve çarpık anlamlara gelmeyen isimler, hangi yörenin, ırkın, dinin ve uygarlığın damgasını taşırsa taşısın serbesttir; kişilerin tercihine bırakılmıştır.

253. Dövme yaptırmanın İslam dini açısından bir sakıncası var mıdır?

Sağlığa zararlı, kişinin cinsiyetini değiştirdiğini ima edici olmamak koşuluyla haram değildir.

254. İslam'da şüpheye yer var mıdır?

Şüphe, insan tekâmülünün ayrılmaz bir parçasıdır. Kuşku duymadan bilim ve düşüncede ilerlemek mümkün olmaz. Bunun içindir ki Peygamberimiz şüpheyi takdir etmiş, ancak ona yenik düşmemeyi önermiştir.

255. Gusül abdestinin farzları ve niyeti var mıdır?

Gusül, bütün vücudu her hangi bir biçimde yıkamaktan ibarettir. Bu yıkamanın kendisi zaten niyettir. Yıkama, suyu dökerek, akıtarak olabileceği gibi suyun içine dalarak da olabilir. Vücudun şurasından veya burasından başlanabilir. Önemli olan suyu tüm vücuda ulaştırmaktır.

Geleneksel ilmihal kitaplarının **gusül** ile ilgili sıraladıkları şartlar, bıktırıcı ayrıntılar ve entelektüel fantezilerden başka şey değildir.

256. Gusül abdesti alırken ojeler çıkartılmalı mıdır?

Gusülde bedenin titizlikle yıkanması istendiği için ojelerin çıkartılması uygun olur.

257. Âlemlerin aslı hayal midir?

Âlemlerin aslının hayal olduğunu Kur'an kabul etmez. İslam düşüncesinde bu görüş, başını **İbn Arabî** (ölm. 638/1240)nin çektiği marjinal bir sûfi görüştür. Ve bu görüşün kaynağı **Hint Vedaları** yani **Vedik** düşüncedir.

258. La ilahe illallah sözcüğünün karşılığı nedir?

Kelime-i tevhit diye anılan ve İslam imanının formulü olan bu cümlenin tam tercümesi şudur: **Hiçbir ilah yoktur, sadece Allah vardır.**

Bu formül cümle de gösterir ki, **tevhit dininde öncelikle, sahte ilahların tasallutundan kurtulmak gerekir. Şirk, işte bu tasallutun adıdır. Şirk Allah'ı inkâr etmez, Allah'ın yanına-yöresine yedek ilahlar koyar.**

İslam, Allah'a, sadece Allah'a teslim olup bu yedek ilah tasallutundan kurtulmanın adıdır.

259. Kur'an'daki kader anlayışı nedir?

Kur'an'da kader, tabiat kanunları ve ölçü anlamında kullanılır. Temel anlayış şöyle verilmiştir: "**Şu bir gerçek ki biz her şeyi bir kader/ölçü ile yarattık.**" (Kamer, 49) Kader sözcüğünün ve bu sözcükten türemiş fiillerin kullanıldığı ayetlerde daha çok tabiat kanunlarına, varlığın değişmezlerine yollama yapılır. (Örnek olarak bk. Hicr, 21; Müminûn,

18; Şûra, 27; Zühruf, 11) Kaderle aynı kökten gelen ve Kur'an'da epeyce kullanılan "**takdir**" mastarı "**ölçülendirmek, ölçüye bağlamak**" demektir. Aynı kökten türeyen "**yukaddiru**" fiili "**ölçülendirir**", "**kaddere**" fiili de "**ölçülendirdi**" demektir. (Örnek olarak bk. Fussılet, 10; Yûnus 5; Müzzemmil, 20)

Kader kökünden türeyen ve Allah'ın isim-sıfatlarından biri olan "**Kadîr**" de ölçülendirme gücünü elinde tutan demektir.

Kur'an, kaderin işleyiş tarzını, yol ve yöntemini ifade ederken (ve bazen doğrudan kader anlamında) "**sünnetullah**" (Allah'ın tavrı-tarzı) deyimini de kullanmaktadır. Sünnetullah yani kader; değişmez, şaşmaz, bozulmaz kurallara bağlı bir düzenden oluşur: "**Sen, Allah'ın yol ve yönteminde bir değişme asla bulamazsın! Sen, Allah'ın yol ve yönteminde bir döneklik de asla bulamazsın!**"(Fâtır, 43) ayetlerinde kullanılan tamlama "**sünnetullah**" tamlamasıdır.

Değişmezliğinden, yazılmışlığından bahsedilen kader işte budur.

Bunun bizim fiillerimizle ilgisi, bizim tabiat kanunlarıyla ilgimiz cümlesindendir. Bizim fiillerimizin önceden belirlenip şartlandırıldığı ve ne yaparsak yapalım aynı sonucun önümüze geleceği anlamında bir **kader** anlayışı Kur'an'da yoktur. Bu kader anlayışı, kitleleri uyutup sömürmek isteyen saltanat zihniyetlerinin (en başta **Arap-Emevî** saltanatçılığının) bir iman şartı olarak kitlelere dayattıkları Kur'an dışı bir anlayıştır.

260. Teknoloji dinsel öğeleri parçalıyor mu?

Teknolojiyi bilim ve düşüncedeki üretimler-birikimler anlamında alırsanız sorunun cevabı "**Hayır!**" olur. Teknolojiyi, bilim ve düşünce birikiminin insan tarafından pratik anlamda değerlendirilişi olarak alırsanız cevap "**Evet!**" olacaktır.

Şunu demek istiyorum: **Salt bilimsel gelişme olarak hiçbir teknolojik değer kötü ve zararlı değildir.**

Kur'an, bilimin üretim ile bilimin değerlendirilmesini ayrı ayrı değerlendirmemizi zorunlu kılıyor.

Bilimin üretimi, varlık sırlarının açılımıdır ki Kur'an bunu tanrısal ışığın bir belirişi olarak görür ve kutsar. Bu anlamda **bilimin İslamîsi, gayrı İslamîsi olmaz**. Bu anlamda "**bilimin İslamîleştirilmesi**" şeklindeki bir ifade bile saçmalıktır.

Bilim Allah'ın nurudur ve bu haliyle baştan sona hayır ve rahmettir.

Bilimsel verilerin değerlendirilişine gelince o bir etik (ahlaksal) meseledir. Bunun kötüsü de olur, iyisi de, İslamîsi de olur, gayrı İslamîsi de...

Bilimin verilerini zararlı hale getiren, insandaki ahlak zaaflarıdır.

Böyle baktığımızda, yani teknolojiyi bilim verilerinin insan tarafından değerlendirilişi olarak aldığımızda "**Teknoloji dinsel-ruhsal öğeleri örselemiştir**" demek zorundayız. Çünkü bu anlamda teknoloji, insandaki egoya sağladığı rahat ve tembellik yani **konfor** yüzünden insanın iç kuvvetlerini tahrip etmiş, insanı kendi varlığına yabancılaştırmıştır. Başka bir deyişle, **teknoloji, insan tarafından bilimin ahlak dışı kullanımlarına imkân ve zemin hazırlamıştır.**

Elbette ki bunun günahı bilimin ve çıplak haliyle teknolojinin değildir; bunun günahı bilimin verilerini ahlaksal değerleri takviye için değil de tahrip için kullanan insanındır...

Teknoloji konusunu irdelerken Kur'an'ın Nahl Suresi 112. ayetini de dikkate almak çok anlamlı olur kanısındayım. **Stephen Hawking**'in dünyanın sonu ile ilgili iddialarını da doğrulayan bu ayet şöyle diyor:

"Allah, şu ülkeyi/medeniyeti de örnek vermiştir: Güvenli, mutlu-huzurlu idi; rızkı her yandan bol bol geliyordu. Sonra onlar Allah'ın nimetlerine nankörlük et-

tiler de Allah kendilerine , sanayi olarak ürettikleri şeyler yüzünden açlık ve korku elbisesini tattırdı."

Bu ayet, teknolojinin çarpık kullanımlarıyla doğayı tahrip eden bir ülke ve medeniyetin hangi perişanlık ve sıkıntılarla yüz yüze geleceğini, neleri kaybedeceğini, hayatının nasıl cehenneme döneceğini açık denecek bir ifadeyle ortaya koymaktadır.

Bu ayeti okuyup günümüz dünyasına bir göz atan ve özellikle **Hawking** gibi uyarıcı dehaları dinleyen insanlar şurada söylenenleri anlamak ve değerlendirmekte hiçbir zorluk çekmezler.

261. Gizli şehvet nedir?

Gizli şehvet, iki yüzlülerin taşıdıkları ve perde arkasından yürüttükleri şehvete denir. Daha çok, dine riyakârlığı sokanlarda görülür. Ve daha çok, **kılı kırk yaran bir sofuluk halinde sergilenir.**

Gizli şehvetin bu yıkıcı riya tahribini en güzel anlatan deyişlerden biri, velâyetinin (veliliğinin) büyüklüğünü **melametinin** (kendini olduğundan bozuk göstermenin) büyüklüğü ile saklayan büyük mistik şair **Neyzen Tevfik** (ölm.1953) tarafından bize armağan edilmiştir. Diyor ki büyük **Neyzen:**

"Gözlerinden işer erbâb-ı riya"

Gizli şehvet, bir riya çukurudur ki barındırdığı pisliği sokaklara akıtmak için, daima riyakârların kirli benliklerini kullanır.

262. Peygamberimizin Türkler hakkındaki hadisleri doğru mudur?

Hiçbir peygamberin hiçbir ırkı öven veya yeren sözleri olamaz. Çünkü bu tür sözler, peygamberlik kurumunun evrensellik ve **hümanizm** gibi niteliklerine ters düşer. Tek istisna, bir ırk veya toplum hakkında Allah'ın açık bir beyanının yani bir Kur'an ayetinin bulunması halidir.

Kur'an'da Türkleri öven veya yeren hiçbir ayet bulunmadığına göre, Hz. Peygamber'in de böyle bir sözü olamaz. Bu mealdeki sözlerin tümü uydurmadır.

263. Kur'an'da yağmur duası var mıdır?

Kur'an'da böyle bir duadan söz edilmez. Ancak çevreyi ve yeşilliği tahrip etmenin haram olduğu açıktır. Esas yağmur duası, bu yasağı çiğnememektir.

Hayatları ve icraatları bu yasağı çiğnemekten ibaret olanların yağmur için Allah'a dua etmeleri hayasızlığın en çirkin örneklerinden biridir.

264. Sıratı müstakîm nedir?

Sıratı müstakîm, her şeyin kıvamında ve dengesinde yürüdüğü yol demektir. Kur'an bu yolu, Yaratıcı'nın **akıl-vahiy-bilim üçlüsü** aracılığıyla gösterdiği barış ve mutluluk yolu olarak tanıtır.

Sıratı müstakîm, bizzat Allah'ın da izlediği varlık ve oluş yoludur. İnsanı sıratı müstakîm üzere olmaya çağıran Kur' an, Allah'ı da bu yol üzerinde yürümekle nitelendiriyor: **"Şu bir gerçek ki benim Rabbim bir sıratı müstakîm üzerindedir."** (Hûd, 56)

265. Hz. Ali'nin fotoğrafları gerçek midir?

Hz. Ali'nin fotoğrafları hayalidir.

266. Aynı dine sahip olanlar, neden birbirine zıt düşünüyor?

Bakara 213'e göre, bu çekişme ve kavganın sebebi dini temsil edenlerin azgınlık ve doymazlığıdır. İnsanları birbirine düşürüp kavga ve kana itenler, dini temsil edenlerdir. Tarihi kana boyayanlar da büyük ölçüde onlardır.

Kur'an'ın en büyük mucizelerinden biri de Bakara 213. ayette bu gerçeği insanlığa duyurmuş olmasıdır.

267. Bir kadın, erkeklerle el sıkışabilir mi?

Erkeklerle tokalaşmanın dinen hiçbir yasak tarafı yoktur.

268. Ters ilişkiye girmek günah mıdır?

Bu tür ilişki kesinlikle haramdır.

269. İslam'da demokrasi var mıdır?

Gerçek anlamıyla **demokrasi,** İslam'a aykırı olmak şöyle dursun, İslam'ın temel isteklerinden biridir.

Ezilen-horlanan kitleleri yukarı çeken, onları onur ve söz sahibi yapan önderler, peygamberlerdir. O halde, **demokrasi** tanrısal dinin en hayatî buyrukları arasındadır.

Demokrasi-İslam ilişkisi hakkında geniş bilgi için "**Yeniden Yapılanmak**" adlı kitabımızın "**Kur'an Açısından İnsan Hakları ve Hukuk Devleti**" bölümüne bakılabilir.

270. Esmâül Hüsna'da yer alan isimleri muska olarak

taşımak İslam'a göre nasıl değerlendirilir?

Esmâül Hüsna veya herhangi bir ayeti üstünüzde taşımanın herhangi bir anlamı yoktur. Muska olarak taşımak ise günahtır.

271. Kur'an "kutsal vadiden" söz etmektedir. Anlamı nedir?

Anılan ayette "**kutsallaştırılmış vadi**" denmektedir. (bk. Kasas, 30) Ancak bu kutsallaştırmanın insanlarca mı, Allah tarafından mı yapıldığı açıklanmamıştır. Kur'an'dan bakarsanız, Allah'ın yarattığı her şey güzel ve kutsaldır. Alışıldığı için, meallerde "**kutsal vadi**" deyimi kullanılmaktadır.

272. Müslümanların Hristiyan dinine saygı duyması gerekir mi?

Hz. İsa'ya saygı duymak zorunda olduğumuza göre onun tebliğ ettiği dine de saygı duymalıyız.

Esasında tüm inançlara saygı duymak Kur'an'ın emridir. Hatta Kur'an, baş düşman saydığı şirkin putlarına sövüp saymayı bile yasaklamıştır. (bk. En'am, 108) Çünkü her insanın kutsalı onun için en yücedir. Siz onun kutsalına söverseniz o da sizin kutsalınıza söver. Kendi kutsalını en yüce kutsal bilenler başkalarının kutsalına saygı duymak zorundadır. Bu, bir varlık ve insanlık kanunudur.

273. İnsanın kendini bilmesi için ne yapması gerekir?

Okumak, bilenlere sormak, edinilen bilgileri yaşamak, bir de insanlığa hizmet için değer üretmek gerekir.

274. Tecelliyât nedir?

Tecelliyât (tekili: tecelli), varlık âleminde tanrısal güzellik ve oluşların açığa çıkması, sergilenmesi demektir. Başka bir deyişle, **tecelli,** Yaratıcı'nın yaratılmışlar âlemindeki yansımalarıdır.

Yaratılmış, Yaratıcı'yı ancak bu tecelliler aracılığı ile algılayabilir. Mecazî anlamıyla kullanırsak, "görebilir." Kur'-an, Allah'ın ancak tecellileri sayesinde görülebileceğini, **Hz. Mûsa** ile ilgili bir ayette, hem de tecelli sözcüğünü kullanarak, ifadeye koymuştur. Şöyle deniyor:

"Mûsa, bizimle sözleştiği yere gelip Rabbi de kendisiyle konuşunca şöyle yakardı: 'Rabbim! Göster bana kendini, göreyim seni!' Dedi: 'Asla göremezsin beni! Ama şu dağa bak! Eğer o yerinde durabilirse sen de beni göreceksin.' Ve Rabbi, dağa tecelli edince onu parça parça etti. Ve Mûsa, baygın halde yere yığıldı. Kendine gelin-

ce şöyle yakardı: 'Tespih ederim seni! Tövbe edip sana yöneldim. İman edenlerin ilkiyim ben!" (A'raf, 143)

Tecelliyât sonsuzdur.

275. Kur'an'da "şeceretü'l- mel'ûne" (lanetli soy) tâbiri var mıdır?

Bu tabir İsra Suresi 60'da geçmektedir. Genel kanaat, bununla **Emevîler**'in kastedildiğidir.

276. Allah'ın indirdiği ile hükmetmek din yönetimi midir?

Allah'ın indirdiği, sadece din kuralları değildir. Din adına yazılmış ve kutsallaştırılıp halka dayatılmış ilmihal veya fıkıh kitaplarındaki kurallar hiç değildir.

"**Allah'ın indirdiği**" (bk. Mâide, 44-45) veya "**Allah'ın gösterdiği**" (bk. Nisa,105) ile Kur'an şu temel değerleri kasteder: **Akıl, vahiy, bilim, tabiat kanunları (kader, sünnetullah), ortak insanlık değerleri (mâruf).**

Allah'ın indirdiği ile hükmetmek, işte bu değerlerle barışmak, yönetimi bu değerlere oturtmak demektir.

Din üzerinden siyaset yapan "**Allah ile aldatıcı**" odakların,

"**Allah'ın indirdiği**" ile kastettikleri, kendi mezheplerinin, kliklerinin kitaplarındaki kurallardır. Onlar, bu kuralların dışına çıkanları "**dinsiz, mezhepsiz**" ilan edip "**Allah'ın indirdiği ile hükmetmeyenler**" diye damgalarlar. Unutulmasın ki, dini siyasete âlet eden bu zihniyet, daha ilk ortaya çıkış günlerinde, **Hz. Ali** gibi bir büyük ruhu "**Allah'ın indirdiği ile hükmetmiyor, kâfir oldu**" diye damgalayıp İslam mâbedinde secde halinde iken katledebilmiştir. Bu anlayışa göre "**dinsiz ve katledilmesi vâcip kişi**", bunların siyasal-dinsel kabullerine ters fikirleri olan kişidir. (Geniş bilgi için "**İslam Nasıl Yozlaştırıldı**" kitabımızın **Hâkimiyet** bölümüne bakılabilir).

277. Zina nedir?

Meşru ilişkiler dışındaki tüm cinsel ilişkiler zinadır.

278. Kur'an'da geçen, "birleştirilmesi emredilen şey" (Bakara, 27; Ra'd, 21, 25) nedir?

Klasik müfessirler bu ayetlerle amaçlanan şeyin **akrabalık** bağlarının güçlendirilmesi, yakın akraba ilişkilerinin geliştirilmesi, akrabadan ilginin kesilmemesi (**sıla-i rahim**) olduğunu söylerler. Ancak, ayetlerin sadece bunu amaçladığını söylemek, Kur'an'ın anlam boyutlarını daraltmak olur. Bu ayetler, birleştirilmesi emredilen şeyi parçalayanların yeryüzünü bozguna vererek hüsran yaratacaklarını söylemekte ve onları **lanetlemektedir.** Akrabalık ilişkilerindeki zaaf ve eksiğin böyle bir sonuç yaratacağını söylemek gerçek ve akıl dışıdır. Mesajdaki amacın, akrabalık bağlarını güçlendirmenin çok ötesinde ve üstünde olduğu kuşkusuzdur. Akrabalık ilişkileri, ayetlerdeki mesajlar listesinin içinde yer alabilir. Buna itirazım olmamakla birlikte ayetlerin sadece bunu kastettiklerini söylemeyi Kur'an'ı bir tür hafife almak olarak görüyorum.

Bana göre, işin esası şöyle verilebilir: Kur'an mesajının esası olan tevhit, bir anlamda çokluktan birliğe, parçalanıştan toplanmaya kaçıştır. Bunun içindir ki "**Allah'ın birleştirilmesini emrettiği**" ve insanın da bunu yapmak üzere Yaratıcı'ya söz verdiği şey veya şeyler **tevhit** gerçeğine uygun olarak birleştirilmesi, birlikte düşünülmesi amaçlanan şeylerdir. Bunlar, madde ile ruhun, eski ile yeninin, dünya ile ölüm ötesinin ve nihayet, kültürlerin, uygarlıkların... birleştirilmesi olarak anlaşılabilir. Bir başka deyişle bu, **çoklukta birliği** yakalamanın istenmesidir.

279. Cevşen adlı duayı sürekli üzerimizde taşımalı mıyız?

Öncelikle şunu bilmeliyiz: İçeriği ne olursa olsun, herhangi bir yazı veya tılsımın muska olarak insanın üstünde taşınması ve bundan birtakım yararlar beklenmesi, haramdır. **Muska olarak** taşınan şeyin Kur'an ayeti olması bile bu hükmü değiştirmez.

Cevşen adlı duaya gelince, bu dua, Allah'ın isimlerinin değişik tertiplerde sıralanmasıyla oluşturulmuş bir metindir. **Esmâül Hüsna**'nın okunması olarak görüldüğünde bir sakıncası yoktur. Ancak, bu duaya yüklenen anlamlar, ne yazık ki, Kur'an'a yüklenen anlamlardan daha üstündür. Bu nitelikleri kabul etmek ise insanı Kur'an'ı inkârla yüz yüze getirir.

Cevşen adlı dua ile ilgili söylenenlerin tümü uydurmadır ve İslam dışıdır.

Peygamberimize harp sırasında böyle bir dua gönderilerek "**Zırhını çıkarıp at, bu duayı oku**" denmiş olmasını, onun da bunu yaptığını söylemek Kur'an emirlerinin anlamsız ilan edilmesi olur. Böyle bir şeyin olacağına inanmak insanı dinden çıkarıcı bir bühtana yol açar.

Cevşen ile ilgili hikâyede geçenleri kabul edersek **Cevşen** 'i Kur'an'a dahil etmemiz gerekir. Böyle bir şeyi akla getirmek bile insanı İslam'ın dışına çıkarır.

En iyi yol, bunca İslamdışılığa âlet olmuş ve kitleyi saptırma aracı haline getirilmiş bu metni devre dışı tutmak, okunup yayılmasına engel olmaktır. Sevap kazanma amacı da, akla uygunluk da böyle davranmayı gerektirir.

280. Cünüp iken ölen kişi sonsuza kadar cehennemlik midir?

Cünüplükle ilgili bu iddianın İslam'da yeri yoktur.

281. Cünüplük nedir, böyle bir durumda aldığımız nefes günah mıdır?

Cünüplük, meninin her hangi bir biçimde şehvetle vücuttan ayrılmasıyla oluşur. Cünüp insanın nefes alması günahtır şeklindeki söylem İslam dışıdır.

282. Müslüman olmayan kişiye ya da kuruluşa yardım yapmak sevap değil midir?

Dinimiz yardımı Allah'ın kullarına istemektedir; sadece Müslümanlara değil. Yardıma muhtaç olan, hangi dinden olursa olsun, ona yardım eden Allah'ın rızasını kazanır.

283. İntihar günah mıdır, intihar eden doğrudan cehenneme mi gider?

İntihar en büyük günahlardan biridir. Allah, kendi hayatımıza son vermeyi açık bir biçimde yasaklamıştır. (bk. Kur'an, Nisa Suresi, 29) Böyle bir davranışın hiçbir haklı gerekçesi olamaz. Ancak intihar insanı sürekli cehennemlik etmez. Sürekli cehenneme götüren suç sadece **şirk**tir. **İntihar** eden, büyük bir günah işlemiştir. Allah onu isterse affeder, isterse hesap sorup biraz azap eder. Ama intihar yüzünden sürekli cehennemde kalmak söz konusu değildir.

284. İslam'da ayrıcalıklı günler (Cuma, Perşembe, Pazartesi) var mıdır?

Ayrıcalıklı günler kabul eden anlayışın İslam'da yeri yoktur. Geniş bilgi için "**İslam Nasıl Yozlaştırıldı**" kitabımızın **Günler** maddesine bakılabilir.

285. Kur'an'ın hedefi insanları vicdan sahibi kılmaktır diyebilir miyiz?

Evet diyebiliriz. **Kur'an'ın bizzat kendisi en mükemmel vicdandır.**

286. İnsanların birbirlerini rabler edinmesi ne demektir?

İnsanı rab edinmek, onu kutsallaştırmak ve eleştiri dışı tutmak, söylediklerini din buyruğu gibi algılamak veya onu kurtarıcı olarak görmek demektir.

Bilgiden yararlanmak ve **bilgi** sahibine saygı duymak rableştirme değildir.

İnsanları rableştirmeyi yasaklayan ayet (Âli İmran, 64) indiği zaman Hz. Peygamber'e “İnsanların rableştirilmesi nasıl olur?” diye soruldu ve Cenabı Peygamber şu cevabı verdi : “**Bu rableştirme, din adamlarının hoş gördüklerini helal, hoş görmediklerini haram saymak sûretiyle olur.**”

Peygamberimizin bu sözünden anlaşılır ki, **rableştirmenin esası, kişilerin sözlerini dokunulmaz, tartışma üstü, kutsal ve değişmez saymaktır. Bu pencereden bakıldığında, dinler tarihinin, o arada İslam mezhepler ve tarîkatlar tarihinin, büyük ölçüde bir rableştirmeler tarihi olduğunu söylemek hiç de abartma olmaz.**

287. Zinanın affı var mıdır?

Şirk (Allah'a ortak koşmak) dışındaki bütün günahlar tövbe ile affedilebilir. Ancak günahın tamamı veya bir kısmı **insan haklarını (kul hakkı**) ihlal etmişse, o ihlal kadarı için, hakkı çiğnenen veya yenen insandan helallik almak gerekir.

Kur'an, **hakları ancak sahipleri bağışlayabilir** ilkesini esas aldığından, kula olan borcunuzu bağışlamasını Allah'tan dileyemezsiniz.

Allah'ın af ve bağışı, onunla kulu arasındaki işlerde geçerlidir. Başka bir deyişle, **kul hakkının tek tövbesi o hakkı sahibine ödemektir.**

288. Âdem ilk insan mıdır, ondan evvel insan topluluğu olabilir mi?

Bakara Suresi 30 ve devamı ayetlerden anlaşılıyor ki **Hz. Âdem**'den önce de bir insan nesli vardı.

Melekler bunu bildiği için, insanın olumsuz niteliklerinden şikâyetçi olmuşlardır. Böyle bir nesil olmasaydı, **Âdem**'e "**halife**" yani halef (birinin yerine geçen) denmezdi.

289. Dünyada tesadüflere yer var mıdır?

Varlık ve oluşta tesadüf diye bir şey yoktur. Ne yazık ki, perdenin arkasını her zaman göremeyen insan, sebebini bilemediği oluşlara **tesadüf** demektedir.

290. Anne-babamın (şu anda hayatta değiller) kalbini kırmışsam, Allah'a kendimi nasıl affettirebilirim?

Anne-babanızı kırdığınız için tövbe edin ve ruhları için yoksullara yardımcı olun.

291. Âdetli iken Kur'an okunabilir mi?

Âdet hali, bir hastalık halidir. Kur'an okumaya da ibadet etmeye de engel değildir.

Bakara 222. ayet âdet halini bir "**eza**" yani sıkıntı-hastalık hali olarak göstermektedir. Burada geçen "**eza**" sözcüğüne "**pislik**" anlamı verip âdet halini cünüplük haliyle eşitlemek, Kur'an'a ekleme yapmak, lügat ilmine yalan söyletmek olur.

Âdet hali hastalık hali olduğuna göre, kişiye, ibadetlerinde ruhsat verir, yasak getirmez. Yani kişi, bu halde iken isterse ibadetlerini kazaya bırakabilir; isterse yerine getirir.

Âdet halinde vücut bulan tek yasak, cinsel ilişkidir.

292. Ateistler hakkında ne diyebiliriz?

Ateistler, gerçek Tanrı'yı bırakıp kendilerinin veya şartların uydurduğu sahte tanrılara bağlanan insanlardır. Biraz irdelerseniz, "**Ateistim**" diyenlerin de sonuçta bir "son gerçek" kavramları olduğunu görürsünüz. Bu "**son gerçek**" bir ideoloji olabileceği gibi, felsefî saplantı veya sevilen bir insan da olabilir. İşte o son gerçek onların tanrısıdır. Tabii ki, sahte bir tanrı.

Bunun içindir ki Kur'an ateizmden söz etmez ama sahte tanrılardan söz eder. **İnsanın varlık yapısı, felsefî anlamda bir ateizme uygun değildir.** Ateizm diye anılan olguların tümü, ateist diye anılan kişilerin, herhangi bir "**son gerçek**"i tanrılaştırıp peygamberlerin sözünü ettikleri Tanrı'yı dışlamalarından ibarettir.

293. İslam'da felsefenin yeri nedir?

Felsefe, bir düşünce disiplini olarak İslam tarafından önerilir. Çünkü insan, düşünen varlıktır. Ve Kur'an, düşünmeyi en kutsal faaliyet ve en yüce ibadet olarak görür.

O halde, **felsefe, bir düşünme disiplini olarak insanoğlunun en onurlu kurumudur.**

Ancak felsefî sistemler vahyin yerine konamaz.

294. Kalbin mühürlenmesi ne demektir?

Kalbin mühürlenmesi, işlenen kötülükler yüzünden kalbin pas tutmasıdır. Allah'a sığınır ve gerekeni yaparsanız, o paslar çözülebilir. (Geniş bilgi için bk. **"Kur'an'ın Temel Kavramları"**, **Kalp** maddesi)

295. Mücedditlerle radikal İslamcıların kavga ve hizipleşmeleri toplumları nereye götürür?

Kavga ve hizipleşmelerin sonu, Kur'an'ın açık beyanıyla şirk ve hüsrandır. (Geniş bilgi için **"İslam Nasıl Yozlaştırıldı"** kitabımızın **Şirk** maddesine bakabilirsiniz.)

Ancak bu hüsranda hakkı çiğneyen tarafla hakkı savunan taraf Allah katında aynı olmayacaktır.

Müceddditler, dinde zaman ve şartlara göre yeni yapılanmalar gerçekleştiren Kur'an mümini aydınlardır. **Tecdit** yani yeniden yapılanma görevi onlara bizzat Hz. Peygamber tarafından verilmiştir. **Müceddit, reformist değildir. Tam aksine, dine sokulmuş yalanları, yani dinde yapılan beşerî reformları temizleyen tevhit eridir.**

Müceddditleri "**reformist**" veya "**reformcu**" diye anarak kitle gözünden düşürmeye çalışan Kur'an dışı din tahripçileri, dinin yozlaşmış şeklini kullanarak kitleyi sömüren zalim ve onursuz çıkarcılardır. Bu onursuzluk ve çıkarcılık İslam dünyasını perişan edip insanlık kervanının en arkalarına atmıştır. (Müceddditler ve **tecdit gerçeği** ile ilgili ayrıntılar için "**Yeniden Yapılanmak**" kitabımıza bakabilirsiniz.)

296. Âli İmran Suresi 18. ayetteki "O" zamirinin Allah 'ı kastetmediği söyleniyor. Doğru mudur?

Ayetteki "O" (Hüve) zamiri Allah'a gitmektedir. Aksini söylemek doğru değildir.

297. İnsanların ön ve arkalarındaki kışkırtıcı yoldaşları kimlerdir?

Öncelikle, insanın içindeki şerre âlet edilmiş kuvvetlerdir. İkinci olarak da insanın yoldaş edindiği diğer bazı insanlardır. Kur'an, "**insan şeytanları ve cin (görünmeyen varlıklar) şeytanları**" (bk. En'am, 112) ifadesiyle bu gerçeğe dikkat çekmiştir.

298. Şeytan ve melek nedir?

Şeytan ve meleğin mahiyetini Allah bilir. Biz onların ürettikleri sonuçları bilebiliriz. Ancak, Kur'an'ın verilerine dayanarak şunu söyleyebilecek durumdayız: **Şeytan,** gözle görülmeyen varlıkların (kuvvetlerin) kötüye iteni, **melek** ise aynı varlıkların iyiye itenidir.

Kısacası, **şeytan,** oluşun esası olan **polaritede** (çift kutuplulukta) kötü kutbun, **melek** ise iyi kutbun adıdır. Ve bu kutup-kuvvetlerin her ikisi de bizzat insanın içindedir.

299. Hz. Mûsa ile konuşan Allah mıydı?

Allah'ın konuşması bizim birbirimizle konuşmamız gibi değildir. Yani **Hz. Mûsa** ile vasıtalı bir biçimde konuşmuştur. Çünkü **Allah, hiçbir insanla arada bir vasıta olmadan konuşmamıştır, konuşmaz.** (bk. Şûra Suresi, 51)

300. Akıl hastaları, cehennem hayatları bu dünyada başlamış günahkârlar mıdır? Bu ruhsal sorunlar Tanrı

katında sevilmedikleri için mi başlarına gelmiştir?

Allah hiç kimseye zulmetmez. Onların mâruz kaldıkları olumsuzluk, ya birilerinin yanlışlarının sonucudur yahut da önceki hayatlarında kendilerinin ürettiği olumsuzlukların sonucu olabilir.

301. Göklerin 7 kat olduğu doğru mudur?

7 kat tâbiri, 7 boyut anlamındadır. **Kopernik** sistemindeki 7 veya 9 ile bir ilgisi yoktur.

302. Hz. Âdem döneminde insanların daha ileri oldukları doğru mudur?

Eski medeniyetlerde çok yüksek gelişmelerin olduğu düşünülebilir, ancak belirli bir devrin altını çizmek mümkün değildir.

Hz. Âdem'i, dönemi bitip yok edilmiş bir eski insanlık neslinin devamı sayarsak, Âdem döneminin çok ileri bir dönemin devamı olduğunu söyleyebiliriz. En azından, Âdem'in, kendinden önceki insan neslinin genetiğinden çok şey aldığını söylemek gerekir kanısındayız. Kur'an, "**Ve Allah, Âdem'e varlıkların isimlerinin tümünü öğretti.**" (Bakara, 31) demekle bu gerçeğe işaret etmiştir.

Bizim Âdem babamız, sadece bizim kuşağımızın ilkidir; yani ondan önce de insan kuşakları gelip geçmiştir. (bk. Bakara, 30)

303. Nas Suresi'nde, "İnsanların Rabbine sığınırım" deniyor. Neden?

Çünkü Allah'a sığınılacak kötülükleri insanlar üretmektedir. Başka bir deyişle, bu sığınma şeklinin önerilmesi, kötülüklerin insan elinin ürünü olduğuna dikkat çekmek içindir.

304. Allah kelimesi ile Rab kelimesi aynı anlamda mıdır?

Rab, Allah'ın sıfatlarından biridir. Terbiye eden, kemale erdiren demektir.

305. Bakara Suresi'nde geçen Mescid-i Harâm Kâbe midir, başka bir anlamı olabilir mi?

Mescid-i Harâm, **Kâbe**'nin bir başka adıdır. Bu konuda başka bir bilgiye sahip değiliz.

306. Alevî kökenliyim. Ailem namaz kılmama karşı çıkıyor; ne yapmalıyım?

Müslüman bir mezhebin mensuplarının İslam'ın temel ibadetlerinden biri olan namaza karşı çıkmaları anlaşılabilir bir davranış değildir.

Size düşen, Allah'ın dediğini yapıp namazınızı kılmaktır. Ailenizi de uyarın ve gerçekle kucaklaşmalarında onlara yardımcı olun. Bu arada, anne-babanızı kırıp dökmemeye de dikkat edin. Çünkü anne-babaya saygı ve hizmet de namazı emreden kudretin buyrukları arasındadır. Kaş yaparken göz çıkarmak hüner değildir...

307. Bâtınîlik İslam'a aykırı mıdır?

Siyasal açıdan bakıldığında, tarihsel görüntüsü içinde **Bâtınîlik** eleştiriye çok açık faaliyetleri ve düşünceleri olan bir ekoldür. Çünkü temel yapısı itibariyle siyasal bir ekoldür; iktidarı elde etmeyi amaçlamıştır.

Ancak, salt bir düşünce ekolü ve faaliyeti olarak ele alındığında tarihin en büyük ve en uzun ömürlü düşünce akımlarından biri olarak görülebilir.

Başta ünlü **Gazâlî** (ölm.505/1111) ve **İbn Arabî** (638/1240) olmak üzere, birçok İslam düşünürü, özellikle sûfi düşünürler Bâtınîlik ekolünden çok büyük ölçüde yararlanmış ama ne yazık ki siyasal hesaplar yüzünden bu ekole saldırmaktan da geri kalmamışlardır. Yani onlar, gıdalandıkları çanağa tükürmüşlerdir. (Bâtınîlik hakkında geniş bilgi için bizim "**Hallâc-ı Mansûr**" ve "**Tasavvufun Ruhu ve Tarîkatlar**" adlı kitaplarımıza bakılabilir).

308. Bakara Suresi 26. ayetteki "Allah, bir sivrisineği, hatta onun üstündeki varlığı örnek göstermekten sı-kılmaz." ifadesi bazı tercümelerde "altındaki" şeklin-de veriliyor. Doğru mudur?

Ayette kullanılan kelime "**favk**" yani **üst, üstü, üstünde** anlamlarındadır. Aksi bir tercüme tamamen yanlıştır.

Bu yanlışı bir meziyet gibi sergileyenler oradaki "**favk**" kelimesinin nasıl bir mucizeyi işaretlediğini anlayamamışlardır.

Şöyle düşündüler: Allah, "**Sivrisineği bile örnek vermekten çekinmem**" dediğine göre, sözün devamı "bunun altındakini bile..." şeklinde olmalıdır. "**Bunun üstündekini bile...**" demek ifadenin seyrine uymuyor...

Böyle düşündüler, yani Kur'an'a teslim olmak yerine Kur' an'ı mevcut bilgi ve kabullerine uydurdular. Buna da "**dirâyet**" (muhakemeyi işletme) usulü dediler. Tefsir kitapları" **dirayet usulü**" denen bu kitabına uydurmalarla doludur. **Hadis** kitaplarının rivayet uydurmalarıyla dolu olduğu gibi...

Bir yanda dirâyetin, öbür yanda rivayetin yarattığı uy-

durmalar... Kitle bu iki uydurma selinin ortasında feleğini şaşırdı, dininin gerçeğiyle asla yüz yüze gelemedi...

Bu geleneksel "**kitabına uydurma tutkusu**"nu bir kenara bırakarak ayette Allah'ın dediğine bakarsak şunu görürüz: **Sivrisineğin gövdesinin üstünde, günümüz savaş uçaklarının üstüne yerleştirilen hassas radar sistemlerine benzer bir sistem vardır. Sivri sinek denen o usta ve kurnaz avcı,** bulunduğu her yerden, kanını emmek istediği avının derisinin en hassas ve ince bölgesini keşfedip görür ve inişini tam oraya yapar.

Ayette "**favk**" (üst, üstü, üstünde) edatının kullanılmasının nasıl bir mucize haber sergilediğine dikkat edelim.

Sivrisineklerle ilgili bu bilginin geçmişi çok eski değildir. Böyle olunca da anılan ayeti geçmiş zamanlarda tercüme ve tefsir edenlerin bu gerçeği gündeme getirmeleri beklenemez. Ancak şu beklenir:

Kur'an ayetlerindeki bazı sözcük ve deyimleri, mevcut bilgilere uymadığı için değiştirmemek, onları olduğu gibi koruyup tercüme etmek ve yanına "Bugünkü bilgilerimizle kesin olarak bilemiyoruz" diye not koymak...

Ne yazık ki birçoğu bunu yapmamış, bunun yerine, ayetleri, deyimleri, tamlamaları veya sözcükleri ilgili olmadıkları anlamlara çekip kafalarına, kabullerine uydurmuşlardır.

Başka bir deyişle, çok kötü bir aceleciliğe kurban gitmiş, birçok insanı da ya şaşırtmış, yahut da saptırmışlardır.

309. Mâide Suresi 103. ayet neyi açıklıyor? Özü nedir?

Bu ayet, dinde **yapay kutsallıklar** ve hayatı kutsal adına yönlendirmeye yönelik kurallar icat etmenin, putperestliğin bir göstergesi olduğunun kanıtıdır.

Kur'an'a göre, bu tür kutsallıklar oluşturma ve kurallar koyma yetkisi yalnız ve yalnız Allah'ındır. Ulûhiyetin (Tanrılığın) niteliklerinden biri de bu yetkidir. Bu yetkiyi herhangi bir biçimde kullanmaya kalkan Allah'ın ulûhiyetine ortak olmaya kalkmış, yani **şirk**e batmış olur.

310. Uzayda ibadet nasıl olacaktır?

Uzayda koloniler kurulduğunda bu konu üzerinde düşünür, gerekli çözümü buluruz. Biz şimdi, dini yeryüzünde yalan ve saptırmalardan temizleyelim.

311. Kur'an, şeytanların bozuk kalplilere ineceğini söylüyor. Bu nasıl olmaktadır?

Şuara Suresi 221-223. ayetlerde sözü edilen bu iniş; **vesvese,** saptırma, kötü düşünceler, **gıybet, iftira, yalan** gibi kötülüklerin insan benliğine musallat edilmesi şeklinde olur.

Ne ilginçtir ki, şeytanın kalbe inişine sebep olan musibetlerden söz edilirken özellikle **iftira** ve **yalancılık** gibi günahların altı çizilmiştir.

Bu ayetten şunu da anlayabiliriz: Esasında **din dilinde şeytan, bizzat bu düşüncelerin adıdır.**

312. Âli İmran Suresi 7.ayette sözü edilen "ilimde derinleşmek" ne demektir?

İlimde ilerlemek, ihtisaslaşmak, bilimsel ilke ve kanunları keşfedecek bir bilgi noktasına ulaşıp otorite olmak demektir.

313. Târık yıldızının Sirus yıldızı olduğu ve üzerinde gözetici varlıkların bulunduğu doğru mudur?

Olabilir. Ancak şu anki bilgilerimiz (en azından benim bilgilerim) kesin bir şey söyleyebilmek için yeterli değildir.

314. Ali Şerîatî ve Seyyid Kutub gibi yazarlar Türkiye

için hangi bakımdan lüzumludur?

Bu kişilerin Türkiye için kaçınılmaz olduğunu söylemek yanlış olur. Ancak onlar birer siyaset, ilim ve fikir adamı olarak onların konularıyla uğraşan uzmanlar için önemli olabilirler. Bu, o konularla uğraşanların bileceği bir şeydir.

315. Organ nakli İslam'a uygun mudur?

Organ nakli İslam'a uygundur ve sevaptır.

316. Panteist düşünce İslam'ın asıl belirtmek istediği midir?

Panteizm İslam'ın esas mesajı ve amacı değildir. **Panteizm,** varlıkla Allah'ın ayniyetini iddia etmek sonucunu doğurabileceğinden toplum ve din hayatı için çok tehlikeli olabilir.

Ve birçok yerde ve zamanda olmuştur da...

Kur'an bu yolu kapatmıştır. **Kur'an'ın yolu Allah ile ayniyet değil, maiyet yani birliktelik yoludur.** Bu yola Kur'an dilinde "**ihsan**" denir. Güzel düşünüp güzel davranmak demek olan ihsan, bizzat Peygamberimiz tarafından "**Allah'ı görüyormuşsun gibi davranmak**" olarak tanımlanmıştır. **İhsan, Kur'an dininin özü ve amacıdır. Ahlak ve erde-**

min esası da ihsandır.

Kur'an, terbiyenin ve insanlar arası ilişkilerin esasının da **ihsan** olmasını istemektedir. (İhsan ve kökü olan "**hüsn**" kavramı için bk. "**Kur'an'ın Temel Kavramları**", **Hüsn** maddesi)

317. Göz zinası var mıdır?

Göz zinası diye bir şey yoktur. Bu sözler sakındırmaya yönelik mecazlardır.

318. Müminûn Suresi'nde, Allah için neden "yaratıcıların en güzeli" deniyor?

Müminûn Suresi 14 ve **Saffât Suresi 125.** ayetten anlaşılan o ki, mutlak ve küllî Yaratıcı dışında bazı bilinçli ve yüksek varlıklar, özellikle insan, Tanrı olmamakla birlikte O'na en yakın değer üretici bir varlıktır. Başka bir deyişle, mecazî anlamda, insan ve benzeri şuurlu **uzay varlıkları** için de **yaratıcı** sıfatı kullanılabilir.

Ancak, Allah dışında varlıklar için kullanıldığında "**yaratıcı**" sözcüğünü küçük harfle yazmak gerekir.

319. Yûnus Suresi 16. ayette: "İçinizde daha önce bir ömür kaldım." denmektedir. Bu, reenkarnasyonu göste-

rir mi?

Bu ayet **reenkarnasyon**a bir işaret olabilir. Kesin hüküm veremeyiz; çünkü ifade **müteşâbih** (çok boyutlu) bir ifadedir. Kesin gerçeği Allah bilir.

320. Gusül abdesti hangi durumlarda bozulur?

Gusül abdesti, yeniden cünüp olduğunuzda bozulur.

321. Bozulmamış İncil ve Tevrat var mıdır?

Tevrat ve **İncil**'in ikisinde de bozulmalar, tahrifler olmuştur. Kur'an'ın verileriyle düzeltmeler yapılarak okunduğunda gerçek **Tevrat** ve **İncil** ortaya çıkacaktır. Bunun başka bir ifadesi şudur:

Gerçek Tevrat ve İncil de Kur'an'dadır.

322. Sâd Suresi 75.ayette, "İnsanı iki elimle yarattım" denirken başka surelerde "İnsanı biz yarattık" (örneğin bk. A'raf, 11; Hucurât, 13) ifadeleri vardır. Farkı nedir?

"**İki elimle yarattım**" ifadesi yalnız insan için kullanılmıştır; Tanrı'nın insanın yaratılışına ayrı bir özen gösterdiğine işarettir. Yaratılışla ilgili diğer ifade ise tüm varlıklar için kullanılmıştır.

İnsanın tüm varlıklarla aynı olan yanları bulunduğu gibi, yalnız kendisinde bulunan özellikler de vardır. "**İki elimle yarattım**" ifadesi, insanın bu özel yanlarına dikkat çekmek, Allah'ın insana büyük bir onur verdiğini göstermek içindir.

323. Ebcet hesabını onaylıyor musunuz?

Ebcet hesabının dinsel bir yönü yoktur. Eski Arapların tarih atmada kullandıkları bir sistemdir. Bu sistemde her harfin bir rakam değeri vardır ve bu değerler kullanılmak sûretiyle istenen tarihler atılır.

Rakamsal sistemin keşfedilmediği bir dönemde bir ihtiyaca cevap veren bu uygulamayı kutsallaştırıp bugüne taşımanın ve buna bir takım mistik anlamlar yüklemenin **nostalji** veya ilkellikten başka bir anlamı olabileceği kanısında değilim.

324. Medyumların dinimizdeki yeri nedir?

İslam dininde medyumluk diye bir kurum yoktur.

325. Ebter (soyu kesik, zürriyetsiz) kişilerin uğursuzluk getirdikleri, özellikle yönetim ve liderlik mevkiinde olmaları halinde toplumun uğur ve bereketinin kesileceği yolunda İslamî bir kabulün olduğu söylenmektedir. Bu konuda ne dersiniz? Türkiye'nin kırk yıllık yönetimini (Demirel, Ecevit, Bahçeli, Fethullah Gülen bağlamında) bu açıdan değerlendirir misiniz?

Sözünü ettiğiniz anlayışın Kur'an'da dayanağı yoktur. Ancak, tasavvuf çevrelerinde böyle bir inanış asırlardan beri yaşatılmaktadır.

İşin gerçeğini Allah bilir.

326. Geleneksel anlayışı yargılayıcı ilginç düşünceleri olan ve bunları Kur'an'a dayandırarak kırkı aşkın kitapla savunan ve kitlelere ulaştıran ender bilim adamlarından bir ilahiyatçısınız. Devrim niteliğindeki görüşleriniz bugüne değin herhangi bir yerde bilimsel tez konusu edildi mi?

Benim bildiğim kadarıyla, düşüncelerimle ilgili 4 dilde (Türkçe, İngilizce, Fransızca, Almanca) **tezler** yapıldı. Türkçe'dekiler, ne ilginç ki, mezuniyet tezi düzeyindedir. Diğerleri akademik tezlerdir: **Boğaziçi Üniversitesi** (Fransızca) **Galatasaray Üniversitesi** (Fransızca), **Bochum Üniversitesi** (Almanca)...

Bunlar yapılıp biten ve kısmen yayınlanan tezlerdir.

İngiltere, Fransa ve Almanya'da, **Yaşar Nuri'nin düşünce ve eylem dünyası** ile ilgili yapılmakta olduğunu duyduğum ancak ayrıntılarını şu ana kadar tespit edemediğim tezler de vardır.

327. Bir insanın çevresindeki kötü örneklerden dolayı öz dininden soğumasını, hatta nefret etme noktasına gelmesini nasıl yorumlarsınız?

Genelde İslam dünyasının, özelde de Türkiye'nin dram noktalarından biri de budur. Bunun başlıca sorumlusu ve günahkârı dini anlatmak durumunda olup da gerçeği söylemeyen veya tam söylemeyen din temsilcileridir. İkinci sıradaki sorumlular (suçlular demek daha yerinde olur), **din üzerinden siyaset yapan politikacılardır.** Bu ikinciler, dünyevî saltanat uğruna dini telef etme onursuzluğu işlemişlerdir. Ancak insana düşen, sömürenleri, konuşmayanları veya gerçeği konuşmayanları bahane ederek gerçeğe karşı çıkmayı mâzur göstermek değil, gerçeği bizzat kaynağından öğrenip gerekeni yapmaktır.

Din konusunda gerçek Kur'an'dadır ve Kur'an elimizdedir.

Mazeret aramak yerine Kur'an'ı kendi dilinizdeki çevirisinden okuyup gerçekle kucaklaşmak yoluna gidin!

328. "Ben, Muhammedî namaz kılıyorum" diyorsunuz. Bunu nasıl kılıyorsunuz? Arapça bilmeyenleri dikkate alarak durumu açıklar mısınız?

Muhammedî namazla kastım, Peygamberimizin kıldığı ve **"Ben nasıl kılıyorsam, siz de öyle kılın!"** dediği namazdır. **İlmihal** kitaplarında anlatılan namaz buna uymuyor. Eklemeler, değiştirmeler veya çıkarmalar var.

Arapça bilmeyenler, namazlarını bildikleri dilde kılarlar. Namazlarında okuyacakları Kur'an ayetlerini de yine bildikleri dildeki Kur'an çevirisinden okurlar.

329. Bir arkadaşım içki içiyor, "İçme!" deyince de "Ben evimde içiyorum, kimseye zararım yok!" diyor. Bu arkadaşın savunması geçerli mi?

Savunma geçerli değildir. Nerede ne kadar içerse içsin, haramdır.

Allah ile pazarlık ederek din yaşayamazsınız. Dini yaşamak Allah'a teslim olmakla mümkündür.

330. "Her zamanın bir imamı vardır" sözü Kur'an'a uygun mudur?

"Zamanın imamı" düşüncesi İslam'a Hristiyanlık'taki mesih inancından geçmiştir. Kur'an'a aykırıdır. **Kişilerin ruhsal ve ebedî hayata önder olma dönemi Hz. Muhammed'le kapatılmıştır. Önderlik ilkelere yani Kur'an'a ve bilime verilmiştir. Bugünün ve bundan sonraki tüm zamanların imamı-önderi Kur'an ve onun yollama yaptığı bilim ve akıldır.**

331. "Allah var, başka bir şey yok!" diyebilir miyiz?

Allah'ın her şeyi kuşattığı, her şeyin Allah'ın bir tecellisi olduğu anlamında diyebiliriz ama **her şey Allah**'tır anlamında diyemeyiz.

Bu nokta hassas bir noktadır. Her "Allah" diyenin söz söyleyip hüküm vereceği bir alan değildir. Şeytanın fitnesine yenik düşmeye, hayalleri din sanmaya ve mistik hezeyanlarla kendini yücelmiş kabul etmeye çok uygun olan bu alanda dolaşmak yerine Kur'an'ı okuyup onun güvenli dünyasında rahat etmeyi yeğleyin.

332. Okuduğum bir kitapta dinsel kaynak sırası şöyle veriliyor: Kur'an, sünnet, kıyas, icma'. Bu sıralama doğru mudur?

Bu sıraladıklarınızın sadece ilki yani **Kur'an, dinin kaynağıdır.** Ötekiler dinin değil, dine getirilen yorumların kaynağıdır.

Dinin, Allah'ın vahyettiği kitap dışında kaynağı olduğunu söylemek tevhit gerçeğine aykırıdır. Son üç kaynak, tümüyle beşerî yorumdur. Kur'an, beşerî tespitlerin din olmasını asla kabul etmez. Kaldı ki bu kaynaklar, bazı mezheplerde, altıya, dokuza, on üçe, on beşe çıkarılabilmektedir. Bunlara din kaynağı demek, dinin ilahî bir kurum olduğunu inkâr etmektir.

"Bu kaynaklar, dini anlamaya yönelik yorumların ve yöntemlerin kaynağıdır" dersek bunda bir sakınca olmaz.

333. Sınavda kopya çekmek haram mıdır? Bazıları 'Cihat yapıyoruz, cihat da savaştır; savaşta hile mubahtır" diyerek kopya çekmeyi helal gösteriyor. Siz ne dersiniz?

Sınavda kopya çekmek haram ve günahtır. Bunu helalleştirmek için dinden bahane aramaksa daha büyük bir günah ve ahlaksızlıktır.

334. Mastürbasyon gusül abdesti gerektirir mi?

Mastürbasyon ve **ihtilam** (rüyada meninin gelmesi) **gusül** gerektirir.

335. Yemeği sağ elle yemek farz mıdır? Sol elle yersem

günah işlemiş olur muyum?

Yemeği sağ veya sol elle yemenin dinle bir ilgisi yoktur. Bir tercih işidir, zevkinize kalmıştır. Açıktır ki solak olanlar sol ellerini kullanacaklardır. Şimdi biz, solak olanların ömür boyu günah işlediklerini söylemek gibi bir saçmalığa gidebilir miyiz?

336. Çalıştığı şirket tarafından hakkı verilmeyen bir kişi, o şirketten bir biçimde çalarak hakkını alabilir mi?

Böyle bir yolla hak almaya kalkmak İslam ve insanlık dışıdır. **Hak, haksızlığa açıkça karşı konarak istenir.** Onurlu olan budur. Aksini yapmak, bir zulme bir başka zulümle karşılık vermektir ki, insanı mazlumken zalim duruma getirir.

337. Tespih denen âlet İslam âlemine Budistlerden mi geçmiştir?

Peygamberimizin hayatında âlet-edevat anlamında bir **tespih** yoktur. Bu âlet, meditasyonlarında sayıyı tutturmak çok önemli olan **Budistlerde** kullanılır. Bize de oradan geçmiştir.

İslamın tespihi, Allah'ı sözlü veya gönülden anmak, yüceltmektir. Bunun sayısı ve âleti olmaz.

Camilerdeki yığın yığın tespih âletleri tartışmasız bid'attır; camiden atılmalıdır. "Bunlar camiden atılsın!" dediğinizde buna karşı çıkılıyorsa o camide namaz kılmamak gerekir.

Bid'ata karşı çıkmak için bir ibadeti terk etmek, bid'ati ihya için ibadet etmekten daha kıymetli ve erdiricidir. Çünkü birincide Allah'a teslimiyet, ikincide ise dine ekleme yapmak vardır.

338. Camilerde ilk halifelerin vs. adlarını içeren levhaların asılması dine uygun mudur?

Asla uygun değildir. **Cin Suresi 18**.ayet, Allah dışında herhangi bir kişinin (bir peygamber de olsa) **tevhit** mâbedine kutsallık unsuru olarak girmesini kesinlikle yasaklamaktadır. O levhaların camilerden çıkarılması gerekir.

339. Camilerde yakılan elektiriğin faturası diğer abonelere yükleniyor. Bu dinen doğru mudur?

Doğru değildir. Hiç kimsenin ibadetinin giderlerini başkalarına yükleme hakkı yoktur. İsteyen kendi isteğiyle elbette ki ödeyebilir ama haberi olmayan insanlara ödetmek açıkça haramdır. Bu tür haram tavırlar ibadetleri **taat** (Allah'a niyaz) olmaktan çıkarıp **ma'sıyete** (günaha) dönüştürür.

Ağzı soğan-sarmısak kokanların, insanları rahatsız ediyorlar diye camiye gelmemesini isteyen bir din, insanların alın terlerini onların haberi olmadan aşırıp bunu ibadet vesilesi yapanların yakasını elbette bırakmaz.

340. Sürekli denecek bir biçimde siyaseti eleştiriyor, Türkiye'nin hemen tüm çıkmazlarından siyasetçileri sorumlu tutuyorsunuz. Ancak bunun nedenlerini tam açıklıkla yazmıyorsunuz. Siyaset ve siyasetçileri böylesine ağır bir ithama mâruz bırakmanızın sebeplerini açık yüreklilikle açıklar mısınız?

Bu sebepleri çeşitli vesilelerle birçok kez açıkladım. Ya gözünüzden kaçtı, ya da görmek istemediğiniz için görmediniz.

Kanımca, beni siyasetin içine çekmek için sürekli sorulan bu soruya bir kez daha ve çok açık bir biçimde yanıt vereceğim.

Ben, siyasetçi değilim. İlahiyat kökenli bir bilim-düşünce adamıyım. Ama bir yurttaş ve bir aydın olarak ülkemin ve insanımın kaderiyle ilgili bir faaliyet alanı olan siyaseti izlemezlik edemem. Bu demektir ki bir konu saf siyaset olarak kaldığı sürece benim söz ve eleştiri alanıma girmez. Ancak siyaset ve siyasetçi, kendi işini yaparken benim alanıma girer, özellikle o alanı istismar etmeye kalkarsa bana söz hakkı, hatta mecburiyeti doğar. Bu, siyaset yaptığımdan veya siyasetçinin işine karıştığımdan değil, bir aydın olarak alanımın hoyratça sömürülmesine, ülkemin aldatılmasına seyirci kalmamak zorunda olduğumdandır.

Siyaset ve siyasetçi, yıllardan beri, amansız ve insafsız (hatta bazen onursuz) bir biçimde benim alanımı yani dini istismar ediyor, bazen ülkenin ve insanın aleyhine kullanma zulmünü bile işliyor.

Buna seyirci kalamam. Tam bu noktada konuşuyor, fikrimi belirtiyor, doğruları söylüyor, eleştirimi yapıyorum. Yani ben, siyaset yapmıyorum, kendi işimi yapıyorum. Kendi işini yapmayan, başka alanlara tecavüzde bulunan ben değilim, siyasetçilerdir.

Benim yaptığıma siyaset denmez, siyasetin tasallut ve istismarına karşı çıkış denir. Ve böyle bir karşı çıkış, herkesten önce, ilahiyat kökenli bilim ve düşünce adamlarının hakkı ve görevidir.

Kısacası, **ben siyaseti ve siyasetçileri eleştirirken hakkımı kullanıyor, görevimi yapıyorum.**

Siyaset ve siyasetçiler konusunda düşüncelerimi ve bu düşüncelerin gerekçelerini benim ifade edemeyeceğim kadar açık ve berrak bir biçimde ortaya koyabilecek en güzel yazıyı, dürüstlük, Cumhuriyetçilik, memleket ve hak severlik gibi niteliklerinde hiç kuşkuya düşmediğim büyük bir gazeteci, **Emin Çölaşan, "Adam Yokluğu"** başlığıyla kaleme almıştır.

Sorunuza cevap olarak bu yazıyı alıntılıyor, altını tüm kalbimle imzalıyorum:

"Türkiye hemen her alanda dünya çapında adamlar çıkardı. Bunlar ülkemizi başarıyla temsil etti ve etmeye devam ediyor. Doktorlar, sporcular, gazeteciler, yazarlar, bilim adamları, hukukçular, işadamları...Ama gelin görün ki, **Türkiye, Atatürk'ten sonra dünya çapında siyasetçi ve devlet adamı çıkaramadı."**

"Bir sürü güdük işbaşına geliyor. Bunlar partilerin başına geçiyor, ülke yönetiyor. Pek çoğu niteliksiz, yeteneksiz, bilgi birikimi olmayan, toplumun değil, sadece partisinin ve yandaşlarının çıkarını düşünen tipler. Kamu olanaklarını kendi yakınları ve yandaşları için kullanan, ucuz din sömürüsü yapan, yarını düşünmeyen, sadece o günü kurtarmayı amaç edinen, düzgün insanları siyasete sokmayan, altındaki kadroları emir kulu olarak gören, milletvekilliğini bir ulûfe gibi sadık kullarına dağıtan, ama ağızları laf yapan tipler."

"Bunların yurtdışında herhangi bir ağırlığı, saygınlığı yok."

"Bunları kimse takmıyor. Aradan cımbızla çekilip milletvekili oluyorlar, bakan oluyorlar ama bir işe yaramıyorlar. Hepsi de genel başkanlarının ağzına bakıyor. Güçlerini kendi kişiliklerinden değil, genel başkana olan yakınlıklarından alıyorlar. **Bay veya bayan genel başkana ters düştükleri anda siyasal yaşamlarının biteceğini biliyorlar."**

"Türkiye uzun yıllardan beri bu az gelişmiş ve köylülükten kurtulması mümkün olmamış kafalarla yönetiliyor. Kısır, zayıf, saygınlığı olmayan birileri! Türkiye'yi bu durumaparti ayrımı gözetmeden yazıyorum-işte bu kadrolar getirdi."

"Bunlar bürokrasinin temel noktalarına hep kendi adamlarını yerleştirdi. Bürokrat, emir kulu yapıldı. **Hortumu, vurgunu, soygunu, yanlışı hep birlikte ve ortaklaşa yaptılar.** Karşılarına onurlu ve dirençli kamu görevlileri çıktığı anda, onları görevden almayı marifet saydılar."

"Ülkemizi uzun yıllardan beri yöneten bu güdük siyasetçi takımından kaç kişi dünya çapında tanınıyor? Kaç tanesi yurtdışında saygı görüyor, sözüne itibar ediliyor, belli konularda ağırlık koyabiliyor? Hemen hiçbiri! Gerçekler acıdır ama durum maalesef böyle! Ben, bir gazeteci olarak bunların pek çoğunu tanıdım. Yanından ayrıldıktan sonra 'Helal olsun buna!' dediğim bir kişiye rastlamadım. Tam tersine, birkaç zor soru sorduğumda hepsinin çuvalladığını, kararıp morardığını, renkten renge girdiğini ve karşımda küçüldüğünü gözlerimle ve belki yüzlerce kez gördüm. Hepsinin geçmişten gelen açıkları, zayıf tarafları vardı."

"Yalakalık yerine adam gibi gazetecilik yapan bütün meslektaşlarım da bu gerçeklere kendi yaşamlarında tanık olmuştur."

"Yola 'milliyetçilik, sosyal demokratlık, dindarlık, Müslümanlık, solculuk., liberallik' adına çıkan ve kaderin cilvesiyle ülke yönetimine gelen **bu adamların ve kadınların çoğu gerçekten ucuz yaratıklar idi. Bu siyaset kadrolarının bir bölümü ülkeyi şu anda yönetiyor, bir bölümü muhalefette.** Bazıları siyaseti bıraktı, bazıları vefat etti. **Bir düşünün, içlerinden kaçını saygıyla, sevgiyle, güvenle anıyorsunuz?"**

" Biz bu şahıslara karşı bu duygularla doluyken, **dünyanın bunlara saygı duyması mümkün mü? Elbette değil!"**

"Türkiye, yakın geçmişte sokaktan toplanan ve rica minnetle milletvekili yapılan adamlarla yönetildi. Bunlar bakan vesaire oldu. Rüyalarında görselerdi inanmazlardı. Bunlar Türkiye'yi yurtdışında temsil etti. **Gün geldi, bunlar dünyanın dört bir yanında kapı gibi devlet adamlarının karşısına oturdu. Çoğu küçük düştü."**

"Bazılarının yaşı 80'e vardı, hâlâ dırdır ötüyor. Türkiye'ye zarar veriyorlar. İçlerinden bazıları kovuldu, istifa ettirildi; bunu bile içlerine sindirmeyi kabul ettiler. Ülkemizde güvensizliği, işte bu siyaset kadroları yerleştirdi. **Toplum artık bu siyaset kadrolarına güvenmiyor...** Bunlara dünya güvenmiyor. Çünkü bunlar çoğunlukla beşinci sınıf tipler. Kimi hasta, yorgun, gücünü ve enerjisini yitirmiş, 75-80 yaşlarında birileri. **Başımıza çökmüşler, bırakmıyorlar. Bir bölümü hırsız, vurguncu, yalancı, üçkağıtçı.** Bazıları yeteneksiz ama ihtiraslı. 'Git!' dersiniz, gitmezler. 'Öyleyse, Türkiye'yi adam gibi yönetin!' dersiniz, beceremezler."

"Bizim güvenmediğimiz bu kadrolara dış dünya nasıl güvensin? Türkiye dış dünyada bu kadrolarla nasıl saygınlık kazansın? Adamlar bizi Afganistan, Moğolistan, Sudan, Arnavutluk gibi görüyorlarsa suç kimin? Krizleri hiç hak etmeyen bir ülke bu kadrolar tarafından yönetiliyorsa, dış dünya bizi bir sömürge gibi görüyorsa suç kimin?.." (Hürriyet Gazetesi, 18 Ağustos 2001)

341. Türkiye, ülkeye sizin bellettiğiniz deyimle, "Allah ile aldatılma"ya devam ediyor mu? Yoksa bu süreç, 28 Şubat'la noktalandı mı?

28 Şubat ile tam olarak neyi kastettiğinizi bilmiyorum. Şunu biliyor ve görüyorum: Allah ile aldatma zulüm ve siyaseti, yani Müslüman Türkiye'ye sokulmuş bulunan **engizisyon**, 28 Şubat'la sadece maçın bir raundunu kaybetti.

Raund bitmiştir ama maç bitmemiştir.

Ve maçın galibi henüz belli değildir.

Allah ile aldatanlar, kaybettikleri raundun hemen ardından bilenmiş, toparlanmış ve deneyim kazanmış olarak **"öteki raundlar"**a hazır haldedirler.

Ben, bu ülkenin bir çocuğu olarak Türkiye'nin önünde **"Allah ile aldatan zihniyetler"in, Doğu ve Batı'nın ortak desteğini almaya devam edecek yeni, organize ve güçlü atılımlarının vücut vereceği çok ciddi ve hayatî problemler olduğunu düşünüyorum.**

Tarihin ve Tanrı'nın önünde bir şeyi daha açıklamak zorundayım: Türkiye, asırlardır üstü örtülmüş bulunan bir Kur'ansal gerçeği, "**Allah ile aldatılmayın!**" gerçeğini, aldatılan kitlelere tüm zorlukları aşarak duyuran, anlatan ve öğreten benliklere, ne yazık ki, büyük ölçüde aymazlık, bir ölçüde de nankörlükle mukabele etmiştir.

Nankörlüğün en büyüğünü, ne ilginçtir, "Allah ile aldatılmayın!" mesajından en çok yararlananlar göstermiştir!

Tarih ve Tanrı bu aymazlık ve nankörlüğün hesabını umarım sormaz. Eğer sorarsa, Türkiye'yi çok kahırlı günler bekliyor demektir. Çünkü hiçbir kredi sonsuz ve hesapsız değildir.

Işık ve aydınlık kredisi de sonsuz ve hesapız değildir...

Şunu da unutmamalıyız: **Tarihsel ve evrensel misyon yüklenmiş yaratıcı benliklerin, lütuf ve hizmetle kar-**

şılık vermeyecekleri tek cürüm nankörlüktür. Tarih bu benlikleri sık sık ortaya çıkarmaz, ortaya çıkardığında da sürekli devrede tutmaz. Bunların üretimlerinden yararlanmak çok dikkatli, çok vefalı ve çok basîretli olmaya bağlıdır.

Türkiye'nin en büyük musibetlerinden biri, belki de birincisi uyarıdan ve uyarıcılardan nefret etmesidir.

Uyarıcılar âdeta cezalandırılıyor. Şu satırları yazdığım sırada önüme gelen gazetelere bakıyorum. Önemli uyarıcılardan biri ve alanında dünya ölçeğinde bir değerimiz olan **Prof. Dr. Ahmet Mete Işıkara, 17 Ağustos Depremi'**nin yıldönümü münasebetiyle on bin kişilik bir gruba konuşması düşünülerek çağrıldığı **İzmir'**de sadece 60 kişilik bir dinleyici grubuyla karşılaşmış. Ve gördüğü bu vurdumduymaz, vefasız manzara karşısında: **"Artık bundan sonra konuşmayacağım!"** kararını vermiş. Gazete şöyle yazıyor: "**Işıkara** şaşkınlık içinde kaldı. 10 bin kişilik Gündoğdu Meydanı'nda düzenlenen panele sadece 60 kişi gelmişti. Hem de 17 Ağustos'un yıldönümünde...Gelenlerin büyük çoğunluğunu da Mimarlar Odası mensupları, İzmir Büyükşehir Belediyesi yetkilileriyle gazeteciler oluşturuyordu. **Duyarlı birkaç vatandaşın dışında hiç kimse gelmemişti...." (Star Gazetesi,** 19 Ağustos 2001)

Bu ürpertici ve utandırıcı haberi veren gazetenin bir başka sayfasında ise bir pop şarkıcımızın Bodrum'a gelişiyle ilgili şu ibret dolu haber geçiliyor:

" Bodrum'a konsere gelen ünlü popçuya otelinde 71 kişi hizmet etti. 135 metrekarelik VİP suitinin mobilyaları Paris'ten getirildi. Yemeklerini özel aşçı hazırladı. Ünlü popçu, Uzakdoğu yemeklerini çok sevdiği için, özel olarak aşçı ve yemek malzemesi getirildi...Popçu, otele 61 kişilik özel ekibiyle geldi..."

"Allah ile aldatılma" zulmüne karşı çıkışın ilkelerini ve yöntemini tanıtıp öğreten benlikler konusunda Türkiye'nin gerekli dikkat ve basîreti gösterdiğini söylemek, ne yazık ki mümkün görülmüyor.

Türkiye, "Allah ile aldatma"ya ilişkin mesajı ve onun taşıyıcılarını hafife almış olmanın kahırlı faturasını elbette ödeyecektir. Bunu tüm dünya ile birlikte biz de izleyeceğiz.

342. Bazı yazılarınızda, "Peygamberimiz, kamu mal ve imkânlarını çalıp çırpanların cenaze namazlarını kılmazdı" diyorsunuz. Din İşleri Yüksek Kurulu sözcüsü ve Diyanet İşleri eski başkanlarından Tayyar Altıkulaç ise böyle bir şeyin olmadığını söylüyor. (Milliyet Gazetesi, 25 Ağustos 2001) Hangisi doğru? Bu ağır ve sarsıcı iddianıza dayanak olacak İslamî bir kaynak var mı?

Söylediğim doğrudur ve en güvenilir İslamî kaynaklarda dayanakları vardır.

Bir kere, kamu mal ve haklarını talan etmek-çalmak anlamındaki **ğulûl,** bizzat Kur'an tarafından bir suç olarak tespit edilmiştir. (bk. Âli İmran, 1619)

Hadis ve fıkıh kaynaklarındaki dayanaklara gelince, bu konuyu ben, **Diyanet** yetkililerinin **"Böyle bir şey yoktur"** şeklindeki demeçleri üzerine yazdığım bir yazıda genişçe inceledim. Şimdi o yazıdan çok kısa bir özet aktarmak istiyorum:

Bizim söylediğimiz, **"iddia"** falan değil, 14 asırdan ber bilinen bir gerçektir. Bilinen, ama bazıları tarafından bilmezlikten gelinen bir gerçek.

Diyanet İşleri Başkanlığı Din İşleri Yüksek Kurulu üyesi bir insanın, üzerinde olduğumuz konuda kaynak bulunmadığını, böyle bir şeye rastlanmadığını söylemesi **"çok çok ayıp!"** Bu kaynakları bilmeyenler, bu halkın vergilerinden **"din hizmeti"** adına yüzlerce trilyonu nasıl alabiliyorlar?! Ve bu insanlar bu halka din adına neyi, nasıl öğretecekler?!

Ben, bu **"ğulûl"** (kamu mal ve haklarına tasallut) konusunu, yıllardan beri yazarak, konuşarak gündeme getirmekteyim. Çünkü Türkiye'nin bir numaralı meselesi bence, budur.

Peygamberimizin, ğulûl suçu **işleyenlere karşı tavrı, tartışmasız bir biçimde biliniyor. Siz bu tavırdan ne çı-**

karırsınız, onu bilmem! Ama lütfen, "Peygamberimizin ve arkadaşlarının bu tavrını dile getirmeyin, bu konudaki kayıtları görmezlikten gelin!" **demeyin. Derseniz, Kur'an'ın** "şehadet" **(gerçeğe tanıklık) dediğini saklamış ve başkalarını da buna teşvik etmiş olursunuz. Bunun vebali büyüktür...**

Şimdi gelelim, **"kaynaklar"** meselesine:

Ğulûl suçunun cehennemi boylatacağını gösteren sünnet dayanaklı bilgiler, **Buharî** başta olmak üzere (bk. Buharî, mağâzî, Hayber bahsi) hemen tüm hadis ve **siyer** (Peygamberimizin hayatını anlatan eser türü) kaynaklarında yer alır. Fıkıh kaynaklarının çoğunda da bu bilgiler vardır. Bu bilgiler, **"Büyük Günahlar"** (el-Kebâir) konusunu işleyen eserlerde de yer almaktadır. (Örneğin, **el-Heytemî**'nin **ez-Zevâcir**'inde) Ben burada, şimdilik, Peygamberimizin, **ğulûl suçu** işleyenlerin cenaze namazlarını kılmadığına ilişkin bilgiye kaynaklık eden çok önemli birkaç eseri göstermekle yetineceğim.

Ünlü muhaddis-fakîh **İbn Hemmâm** (ölm.211/826) eseri **el-Musannef**'te bize bildiriyor ki, **Hz. Peygamber, kamu malından iki dirhemlik bir miktarı çalan Eşca'lı sahabîsinin cenaze namazını kılmamıştır.** (bk. İbn Hemmâm; el-Musannef, 5/244)

Hadis ve fıkıh alanının anıt ismi İbnü'l-Kayyım el-Cevziyye (ölm.751/1350) ise eseri **"Zâdü'l-Meâd"**da şunu bildiriyor: **Hz. Peygamber, kamu malı çalmış, kamu hakkına tasallutta bulunmuş olanların cenaze namazını kılmamıştır.** (bk.İbnü'l-Kayyım; Zadü'l-Mead, 1/515, 3/107-108) Olayı, **İbnü'l-Kayyım**'ın sözcükleriyle verelim:

"Bir harp sonrasında Hz. Peygamber'e: 'Filanca, filanca, falanca şehit oldu' diye tekmil verdiler. O, bunlardan birisi için şöyle dedi: " **Hayır! İşte o dediğiniz kişi şehit olmamıştır. Ben onu cehennemin içinde görüyorum. Sebebi de, kamu mallarından çaldığı bir giysidir.**" Hz. Peygamber bunun ardında Hattab oğlu Ömer'i çağırarak şu talimatı verdi: **'Git, ey Hattab oğlu, git de insanlara şunu duyur: Cennete yalnız ve yalnız müminler gidecektir."** (Ayrıca bk. Müslim, iman; İbn Hanbel, Müsned, 1/30, 47)

Peygamberimizin bu ifadesi, kamu malı hırsızlarının **mümin** niteliklerini yitirdiklerine de kanıt olur. Nitekim, Kur'an'ın **Mâûn Suresi,** kamu malı vurguncularıyla ibadetleri şov aracı yapanları dini yalan saymakla suçlamaktadır. Peygamberimizin Hattab oğlu Ömer'e söyledikleri, Mâûn Suresi'nin bir açıklaması gibidir.

İbnü'l-Kayyım devam ediyor: " **Hayber** seferi sırasında ölen birinden söz ettiklerinde Hz. Peygamber şöyle buyurdu: "Arkadaşınızın cenaze namazını siz kılın." Bu sözü duyan sahabîlerin yüzü renkten renge girdi. Bunu gören Cenabı Peygamber dedi ki: "**O arkadaşınız, Allah yolundaki mallardan (kamu mallarından) bir miktar aşırmıştı.**

Sebep işte budur.” Bunun üzerine, sahabîler, ölen adamın eşyasını karıştırıp baktılar; bir de ne görsünler, Yahudilerden ganimet olarak ele geçmiş bir deri papucu aşırmış." (Olay için ayrıca bk. İbn Hanbel; Müsned, 2/213; Ebu Dâvud, hadis no: 2712; Hâkim, 2/127)

KAYNAKLAR LİSTESİ

Kur'an-ı Kerim

Abdullah Yusuf Ali; The Meaning of the Holy Quran (İngilizce Kur'an Meali)

Abduh, Abdulmuttalib; et-Te'mîn ale'l-Hayât, Kahire, 1989

Atay, Hüseyin; Kur'an'a Göre İman Esasları, Ankara, tarihsiz.

Bâkırî, el-Bid'a, Kum, 1997

Buharî; es-Sahîh

Câhız, Ebu Osman Amr b. Bahr; Kitabu'l-Hayavan, Mısır, 1938

Cezîrî, Abdurrahman b. Muhammed; el-Fıkh ale'l-Mezâhibi'l-Erbaa, Beyrut (Dârü'l-Kütüb el-İlmiyye yay.), tarihsiz.

Dehlevî, Şah Veliyyullah; Hüccetullah el-Bâliğa, Mısır, tarihsiz.

Ebu Davud, es-Sünen

Elbânî, Nâsıruddin; Silsiletü'l-Ahâdîs ez-Zaîfa, Riyad, 1992-1996

-------; Silsiletü'l-Ahâdîs es-Sahîha, Riyad, 1992-1996

Elmalılı, Muhammed Hamdi Yazır; Hak Dini Kur'an

Dili Tefsir, İstanbul, 1979

Erzurumlu, İbrahim Hakkı; Mârifetnâme, İstanbul, 1330

Fîrûzâbâdî, Ebu Tahir Muhammed b. Yakub; el-Kamus el-Muhît (Âsım Efendi çevirisi), alfabetik.

Gazâlî, Ebu Hâmid Muhammed; el-Menhûl, Dımaşk (Tahkîk: Hanito), 1980

Hallâf, Abdulvahhab; İslam Hukuk Felsefesi (H. Atay çevirisi), Ankara, 1985

Isfâhanî, Râgıb; el-Müfredât fî Ğaribi'l-Kur'an, alfabetik.

İbn Hemmâm, Ebu Bekr Abdurrezzak es-San'ânî; el-Musannef, Beyrut (Tahkîk: H. Âzamî), 1983

İbn Miskeveyh, Ebu Ali Ahmed; el-Fevzü'l-Asgar, Mısır, 1325

İbn Mübarek, Abdullah; Kitabu'z-Zühd ve'r-Rakaık, Beyrut (Tahkîk: el-Âzamî), tarihsiz.

İbnü'l-Kayyım el-Cevziyye; Zâdü'l-Meâd, Beyrut (Tahkîk: Arnavut), 1987

Karaman, Hayreddin; İslam Hukuk Tarihi, İstanbul, 1989

--------; İslam'a Göre Banka ve Sigorta, İstanbul, 1992

Kelbî; Ebul Münzir Hişam b. Muhammed; Kitabu'l-Asnâm, Kahire (Tahkîk: A. Zeki Paşa), 1995

Mevlevî, Faysal; Nizamu't-Te'mîn ve Mavkıfu'ş-Şerîati minhu, Beyrut, 1988

Müslim, es-Sahîh

Öztürk; Yaşar Nuri; Kur'an'ın Temel Buyrukları, İstanbul, 1999

--------; İslam Nasıl Yozlaştırıldı, İstanbul, 2001
--------; Kur'anın Temel Kavramları, İstanbul, 2000
--------; Yeniden Yapılanmak, İstanbul, 2000
--------; Tasavvufun Ruhu ve Tarîkatlar, İstanbul, 1999
Râzî, Fahreddin; Mefâtîhu'l-Gayb, İstanbul, 1307
Serahsî, Şemsul Eimme Ebu Bekr Muhammed; el-Mebsût, Beyrut, 1989
Sıddîk Hasan Han; Fethu'l-Beyan fî Makâsıdı'l-Kur'an, Beyrut, 1992
Şâtıbî, Ebu İshak İbrahim b. Mûsa; el-I'tısâm, Mısır (Tahkîk: R. Rıza), tarihsiz.
--------; el-Muvafakât, Beyrut (Tahkîk: Draz), 1975
Taberî, Ebu Cafer Muhammed b. el-Cerîr; Tefsir, Mısır, 1968
Tirmizî, es-Sünen
İbn Hanbel, Ahmed; el-Müsned.

KARMA İNDEKS

A

B

C-Ç

I-İ

K

N

O-Ö

P

R

T

U-Ü